本书受国家社会科学基金项目"我国旅游企业诚信评价体系研究"
（项目批准号12BGL073）的资助

我国旅游企业诚信评价体系研究

姚延波　著

南开大学出版社
天　津

图书在版编目(CIP)数据

我国旅游企业诚信评价体系研究／姚延波著. —天津：南开大学出版社，2017.12
 ISBN 978-7-310-05519-7

Ⅰ.①我… Ⅱ.①姚… Ⅲ.①旅游企业－信用－评价－研究－中国 Ⅳ.①F592.6

中国版本图书馆CIP数据核字(2017)第302346号

版权所有　侵权必究

南开大学出版社出版发行
出版人：刘立松
地址：天津市南开区卫津路94号　邮政编码：300071
营销部电话：(022)23508339　23500755
营销部传真：(022)23508542　邮购部电话：(022)60266518
*
北京建宏印刷有限公司印刷
全国各地新华书店经销
*
2017年12月第1版　　2017年12月第1次印刷
260×185毫米　16开本　10.25印张　218千字
定价:40.00元

如遇图书印装质量问题,请与本社营销部联系调换,电话:(022)23507125

前　言

　　近年来，我国旅游业发展迅速，据世界旅游业理事会（WTTC）测算，中国旅游产业对国内生产总值（GDP）的综合贡献达到了10.1%，超过了教育、银行、汽车产业；根据中国国家旅游数据中心测算，旅游业提供的就业机会占总就业人口的10.2%。由此可以看出，旅游业已经成为在我国国民经济中占有重要地位的产业。但是，与旅游业蓬勃发展的重要地位不相适应的是，我国旅游业中的诚信缺失问题日趋严重，引起了社会各界的广泛关注和批评。此外，诚信缺失问题不仅仅体现在某一类旅游企业，而是涉及旅行社、饭店、旅游景点、旅游购物点、旅游交通、餐饮企业等多种企业类型，旅游企业不守信的问题已成为一种普遍存在的现象。每逢旅游黄金周和小长假过后，各类旅游企业与游客的纠纷事件都会引发媒体和大众的热议，旅游企业诚信缺失问题已经成为社会各界的关注焦点。企业诚信缺失问题不仅损害了旅游者的权益，而且严重扰乱了我国旅游市场的秩序，阻碍了旅游业的健康发展，如何解决旅游企业的诚信缺失问题已经成为我国旅游业亟须解决的重要课题。

　　针对旅游企业诚信问题，学术界也进行了广泛的关注与探讨。由于西方发达国家有着良好的"征信体系"，企业诚信问题较少，旅游企业的诚信问题更是不被特别提出进行研究，关于旅游企业诚信方面的研究较为罕见，因此缺乏可供借鉴的国外经验。目前，国内学者对于旅游企业诚信问题的研究虽然已经有了不少的研究成果，但总体来说仍停留在起步阶段，研究方法和内容不够科学化和系统化，理论依据不够充分，很多研究缺乏实证检验，研究结果可靠性较差。因此，在已有研究基础上对旅游企业诚信问题进行深入、系统的研究具有必要性和迫切性。

　　本研究遵循提出问题、分析问题、解决问题的思路。第一，在对相关中英文文献研究分析的基础上，对旅游企业诚信、利益相关者理论、旅游企业诚信评价体系的发展历程、研究现状、研究趋势以及三者之间的理论关系进行回顾梳理与评述，厘清本研究所探究的问题与现有文献理论观点的继承、完善及拓展关系。第二，以利益相关者理论为基础，本研究选取代表性旅游企业——旅行社、景区企业和酒店企业作为研究对象，以旅游企业的重要利益相关者游客、员工、监管部门作为调研对象，运用访谈和扎根理论的质性研究方法，得到旅游企业诚信的概念、维度、实现机理，构建了旅游企业诚信概念和维度模型。第三，基于扎根理论，本研究提取了游客、员工、监管部门三种视角下的旅游企业诚信评价指标，通过对员工、游客的两轮问卷调查，采用探索性因子分析、聚类分析、验证性因子分析构建了游客、员工视角下的旅游企业诚信评价量表。通过焦点小组访谈、德尔菲法构建了监管部门视角下的旅游企业诚信评价量表。第四，为了更好地解决"诚信"判断的模糊性和不确定性，研究采用层次分析法和模糊评价模型确立了游客、员工和监管部门不同视角下旅游企业诚信评价体系的权重和各评价视角下评价指标的权重。通过探讨体系指标及其权重两部分，构建起针对旅游企业具体的诚信评价体系。第五，选择典型传统旅游企业——××中国国际旅行社为研究代表，运用开发的旅游企业诚信评价体系量表，具体操作评价该旅游企业诚信状况，验证旅游企业诚信评价体系量表的信度与效度、可操作性等，为后续的实证研究提供了必要的技术保障。第六，本研究基于旅游企业诚信评价体系，针对旅游企业、游客以及监管部门提出本研究的管理启示及建议，以促进旅游企业可持续的发展，促进旅游市场的整体健康发展。

  本研究的创新包括：第一，研究内容的创新。主要体现在构建了旅游企业诚信的理论模型和开发了旅游企业诚信量表。本研究首次采用质性研究方法对旅游企业诚信概念和维度进行了探索性研究，为该领域的研究工作打下了基础，并且丰富了企业诚信方面的现有文献与研究，补充与发展了旅游企业管理领域的理论与研究。本研究所构建的科学完整、可操作性较强的旅游企业诚信评价量表，在一定程度上丰富了旅游企业诚信评价的理论体系，为后续的实证研究提供了可靠的测量工具，有助于旅游企业诚信和旅游企业监管开展深入、定量的应用研究和理论研究。第二，研究方法的创新。本研究采用定性和定量多种分析与评价方法相结合，为学术理论和实践应用客观、准确、量化地评估旅游企业诚信提供了一种新的思路与方法。第三，研究视角的创新。本研究以利益相关者理论为基础，选取旅游企业的重要利益相关者游客、员工、监管部门为调研对象，把利益相关者理论引入旅游企业诚信的研究中，用利益相关者理论来阐释不同利益相关者视角下的旅游企业诚信的概念、维度、评价指标体系，拓宽了旅游企业诚信的研究视角，为未来旅游企业诚信的研究提供了新的思路。

  研究不足与未来研究方向：第一，对于研究样本的局限性，未来的研究可进一步扩大样本容量。第二，评价体系的指标有待进一步完善，未来的研究需要根据实践的不断检验，对旅游企业诚信的评价体系做更加深入和全面的分析。第三，本研究只对一家旅行社进行了实证研究，未来的实证研究可扩大旅游企业的数量与类别，加强研究应用的普适性。

目 录

前 言 ·· 1
第一章　绪　论 ·· 1
　第一节　研究背景及意义 ··· 1
　　一、研究背景 ·· 1
　　二、问题的提出 ·· 3
　　三、研究意义 ·· 5
　第二节　研究目的、方法和思路 ·· 7
　　一、研究目的 ·· 7
　　二、研究方法 ·· 8
　　三、研究思路 ·· 8
　第三节　研究内容和创新点 ·· 11
　　一、研究内容 ·· 11
　　二、创新点 ·· 12
第二章　文献回顾与理论基础 ··· 14
　第一节　诚信相关研究回顾 ·· 14
　　一、诚信与企业诚信概念研究 ··· 14
　　二、企业诚信的相关研究 ·· 18
　　三、旅游企业诚信 ·· 20
　第二节　旅游企业诚信评价体系研究进展 ··· 23
　　一、企业诚信评价体系 ·· 23
　　二、旅游企业诚信评价体系 ··· 25
　第三节　利益相关者理论 ··· 26
　　一、利益相关者的定义 ·· 26
　　二、利益相关者的分类 ·· 29
　　三、利益相关者理论的应用 ··· 31
　　四、利益相关者理论在旅游企业中的应用 ···································· 32
　第四节　本章小结 ··· 35

第三章　旅游企业诚信概念及其结构维度 ··· 37
第一节　旅游企业诚信概念研究的提出 ·· 37
一、旅游企业诚信概念研究的回顾 ·· 37
二、概念研究的提出 ·· 38
第二节　旅游企业诚信质性研究 ·· 39
一、研究方法与研究设计 ·· 39
二、质性研究分析过程 ··· 43
第三节　旅游企业诚信的概念模型 ·· 47
一、概念模型 ·· 47
二、旅游企业诚信的实现机理 ··· 50
第四节　本章小结 ·· 52

第四章　旅游企业诚信评价量表开发 ·· 53
第一节　三方视角初步量表的形成 ·· 53
一、问项池的形成 ··· 54
二、德尔菲法筛选问项 ··· 54
三、专家座谈法补充、删减问项 ··· 56
四、确定初步调查问卷 ··· 56
第二节　员工视角的旅游企业诚信评价量表开发 ··· 56
一、量表设计 ·· 57
二、量表编制 ·· 57
三、量表正式发放与回收 ·· 58
四、信度检验 ·· 59
五、探索性因子分析 ·· 61
六、因子命名与解释 ·· 64
七、聚类分析 ·· 64
八、员工视角评价量表的二级、三级指标确定 ··· 66
九、验证性因子分析 ·· 66
第三节　游客视角的旅游企业诚信评价量表开发 ··· 71
一、量表编制 ·· 72
二、量表正式发放与回收 ·· 72
三、信度检验 ·· 74
四、探索性因子分析 ·· 75
五、因子命名与解释 ·· 77
六、变量聚类分析 ··· 78
七、游客视角评价量表的二级、三级指标确定 ··· 79
八、验证性因子分析 ·· 80
第四节　监管部门视角的评价量表开发 ··· 84

一、评价指标的初级选取 ……………………………………… 84
　　　二、德尔菲法修改指标 …………………………………………… 85
　　　三、评价量表的构建 ……………………………………………… 87
　第五节　本章小结 …………………………………………………………… 89
第五章　旅游企业诚信评价体系的构建 …………………………………… 91
　第一节　研究方法简介 ……………………………………………………… 91
　　　一、层次分析法介绍 ……………………………………………… 91
　　　二、层次分析法的基本研究步骤 ………………………………… 92
　　　三、模糊综合评价法介绍 ………………………………………… 94
　　　四、模糊综合评价法的一般步骤 ………………………………… 94
　第二节　基于模糊综合评价法建立旅游企业诚信评价体系 …………… 95
　　　一、旅游企业诚信评价指标的选择 ……………………………… 95
　　　二、确定旅游企业诚信评价体系的因素集 ……………………… 97
　　　三、运用层次分析法确立各指标权重 …………………………… 98
　　　四、建立评价集 V ………………………………………………… 102
　　　五、确定主因素集 u_i 的隶属度矩阵 r_i ……………………… 102
　　　六、计算综合评价 ………………………………………………… 103
　　　七、评价等级的确定 ……………………………………………… 104
　第三节　本章小结 …………………………………………………………… 105
第六章　旅游企业诚信评价体系的应用 …………………………………… 107
　第一节　旅游企业诚信评价程序 …………………………………………… 107
　第二节　Y 企业诚信评价过程 ……………………………………………… 108
　　　一、企业概况 ……………………………………………………… 108
　　　二、调研概况 ……………………………………………………… 108
　　　三、诚信评价过程 ………………………………………………… 109
　第三节　Y 企业诚信评价结果分析 ………………………………………… 122
　第四节　本章小结 …………………………………………………………… 123
第七章　结　语 ……………………………………………………………… 124
　第一节　研究结论与创新点 ………………………………………………… 124
　第二节　启示与建议 ………………………………………………………… 128
　　　一、对旅游企业的建议 …………………………………………… 128
　　　二、对游客的建议 ………………………………………………… 130
　　　三、对政府部门的建议 …………………………………………… 131
　第三节　不足及未来展望 …………………………………………………… 132
　　　一、研究的不足 …………………………………………………… 132
　　　二、未来展望 ……………………………………………………… 133

参考文献 ··· 135
    一、中文参考文献 ··· 135
    二、英文参考文献 ··· 141

附　录 ··· 145
    附录A：关于旅游企业诚信评价的调查问卷（监管部门视角） ············· 145
    附录B：旅游企业诚信评价——监管部门打分表 ································· 147
    附录C：关于天津国旅诚信评价的调查问卷（员工） ·························· 149
    附录D：关于旅游企业诚信评价的调查问卷（游客） ·························· 151

后　记 ··· 153

第一章 绪 论

随着社会经济的发展，人民生活水平的提高，我国旅游业发展越来越迅速。但是在旅游业飞速发展的过程中，旅游企业诚信经营缺失问题却越来越严重，这种行为不仅损害了旅游者的权益，而且严重扰乱了我国旅游市场的秩序，阻碍了旅游业的和谐健康发展，如何解决旅游企业的诚信缺失问题已经成为我国旅游业面临的一个重要课题。因此，如何通过科学的方法设计出一个衡量旅游企业诚信程度的评价指标体系，并运用这一评价体系对旅游企业的诚信水平与质量进行评价、监督、制约和激励，是我国旅游业面临的一个重要研究课题。作为整个研究的起点，本章对研究背景、研究问题、研究目的、研究方法、研究思路和研究内容等进行了阐述。

第一节 研究背景及意义

一、研究背景

（一）我国旅游企业诚信缺失问题已成为社会各界关注的焦点

近年来，我国旅游业发展迅速，国家旅游局相关统计数据显示，2015 年，我国国内旅游人数已经超过 40 亿人次，入境旅游 1.3 亿人次，出境旅游达到 1.2 亿人次。2015 年我国旅游收入已经突破 4 万亿元人民币，旅游业对我国 GDP 的综合贡献达到了 10.1%，提供的就业机会占总就业人口的 10.2%，由此可以看出，旅游业已经成为在我国国民经济中占有重要地位的产业。但是，与旅游业蓬勃发展的重要地位不相适应的是，我国旅游业中的诚信缺失问题日趋严重，诸如青岛大虾和哈尔滨天价鱼事件，各地层出不穷的导游强迫购物、辱骂游客事件，以及内地游客在香港因拒绝购物被围殴致死等恶性事件频发，引起了社会各界的广泛关注和批评。

此外，诚信缺失问题不仅仅体现在某一类旅游企业，而是涉及多种旅游企业类型。

根据国家旅游局 2013 年全国旅游投诉情况通报,在全国结案的 8234 件案件中,投诉旅行社 5123 件,占投诉总数的 62.22%,占据榜首;投诉景点 1582 件,占投诉总数的 19.21%;投诉饭店 970 件,占投诉总数的 11.78%;投诉购物 23 件,占投诉总数的 0.28%;投诉旅游交通 50 件,占投诉总数的 0.61%;投诉餐饮 31 件,占投诉总数的 0.38%;其他投诉 455 件,占总数的 5.52%①。由此可以看出,旅游企业的诚信缺失现象涉及旅行社、饭店、旅游景点、旅游购物点、旅游交通、餐饮企业等多种企业类型,旅游企业不守信的问题已成为一种普遍存在的现象,每年的旅游黄金周和各类法定假期过后,各类旅游企业与游客的纠纷事件都会引发媒体和大众的热议,旅游企业诚信缺失问题已经成为社会各界的关注焦点。

(二)旅游企业诚信缺失问题已成为我国旅游业健康发展的严重障碍

"不守信、不兑现承诺"等失信行为,似乎已经与以旅行社为代表的中国旅游企业画上等号。首先,这种行为损害了旅游消费者的合法权益,极大地动摇了消费者对旅游产品的消费信心和消费热情,让游客对旅游消费心有余悸,尤其是到了旅游旺季,各类投诉事件层出不穷。仅以 2016 年端午小长假为例,据国家旅游局统计,6 月 9 日至 11 日,全国共处理旅游投诉 118 件。其中,在线旅游 31 件、旅行社 30 件、旅游景区 24 件、导游领队 15 件、非法"一日游"8 件、旅游住宿 8 件、交通 2 件。投诉案件的类型包括:未征得游客同意转团案、旅行社超范围经营案、强迫游客交易案、诱骗游客消费案等②。旅游企业不讲诚信的行为,使得整个行业信誉度降低,消费者对行业的信任度下降,从源头上抑制了旅游消费需求的增长,进而影响旅游业的可持续发展。其次,旅游企业之间诚信缺失行为,如合同欺诈、拖欠款和"三角债"等普遍存在的问题,干扰了相关企业的正常运营和企业间的正常交易行为,由于法制体系和信用体系的不健全,不守信用、恶意违背信用的企业或个人不仅得不到相应的惩罚,反而从中得益,形成一种"有信者亏,无信者利"的怪现象,不仅搅乱了旅游市场的正常交易秩序,而且还增加了旅游企业乃至旅游业的交易成本。最后,从长远来看,旅游企业的诚信缺失损害了旅游业的整体形象,降低我国旅游企业的国际竞争力。在激烈竞争的市场经济中,信用是旅游企业的无形资产和生产力,我国旅游业要参与国际竞争,必须按国际惯例和交易规则办事,而规则和惯例是建立在诚信基础上的。因此,旅游企业的信用缺失,必将给我国旅游业的声誉带来不良影响,降低其交易信用和国际商誉,阻碍我国旅游业的健康发展。

(三)政府监管部门缺乏有效的旅游企业诚信管理工具

在实践中,我国各级旅游行政管理部门对旅游企业诚信问题极为关注,并且积极采取了相应的治理措施。2013 年出台的《旅游法》,一个重要目的就是为整顿旅游市场中的不诚信行为,维护旅游市场的秩序,保护各市场主体的正当权益。另外,政府监管部门还采取一系列的措施推进和引导旅游企业的诚信经营行为。例如,2015

---

① 国家旅游局《2013 年全国旅游投诉情况通报》. http://cxwx.100chengxin.com/news/show-298945.html.
② 中国旅游诚信网. http://cxwx.100chengxin.com/news/show-298945.html.

年推出的《515战略规划》就提出，要坚持问题导向，依法整治旅游市场秩序，严厉打击旅游市场中的不诚信行为，建立健全旅游信用信息公示制度，发布"旅游失信行为记录"，依法公布违法违规信息。但是，从目前的实际情况来看，政府持续多年的诚信危机治理效果并不理想，其中一个重要原因是尚未找到可以有效识别与评价旅游企业诚信水平与质量的管理工具。通过一个有效的诚信管理工具，政府部门不仅可以准确衡量企业的诚信水平，还可以在此基础上建立各旅游企业的诚信档案，对诚信缺失企业进行有效监督与管理，最终提升我国旅游行业的整体诚信水平与质量。

（四）旅游企业诚信理论与研究有待系统化和完善化

针对旅游企业诚信问题，学术界也进行了广泛的关注与探讨。由于西方发达国家有着良好的"征信体系"，企业诚信问题较少，旅游企业的诚信问题更是不被特别提出进行研究，关于旅游企业诚信方面的研究较为罕见，因此缺乏可供借鉴的国外经验。目前，国内学者对于旅游企业诚信问题的研究虽然已经有了不少的研究成果，但总体来说仍停留在起步阶段，研究方法和内容不够科学化和系统化，理论依据不够充分，很多研究缺乏实证检验，研究结果可靠性较差。因此，在已有研究基础上对旅游企业诚信问题进行深入、系统的研究具有必要性和迫切性。

二、问题的提出

如前文所述，我国旅游企业诚信缺失问题已经成为广受关注的社会焦点，影响到我国旅游业的健康发展，是当前旅游学界和业界面临的一个重要课题。但是到目前为止，无论是理论层面还是实践层面都未能提出解决该问题的有效思路与方法，因此，有必要从根本上弄清楚究竟什么是旅游企业诚信？旅游企业诚信难以实现的症结究竟在哪里？基于此，本研究试图解决以下三个核心问题：

第一，旅游企业诚信的概念内涵是什么？其构成维度主要包括哪些？旅游企业诚信的实现机理又是什么？

首先，旅游企业的诚信是什么、由哪些部分构成、诚信实现的内在机理是怎样的？国内外以往的相关研究，并没有就这几个基本问题给出回答，这些研究主要集中在旅游企业诚信的缺失原因与治理对策、旅游企业诚信评价体系等方面，部分研究者对旅游企业诚信的内涵和维度进行了探讨，但仍然是借鉴了一般企业诚信的研究成果，没有体现旅游企业诚信的特殊性。事实上，旅游企业诚信本身是一个抽象概念，既涉及经济、伦理、法律等多个层面，还涉及供应商、旅游者、政府等多个利益相关者，因此对旅游企业诚信这一核心概念进行科学界定，是从根本上解决诚信缺失问题的逻辑起点。其次，旅游企业诚信是一个多维概念，其结构维度是内部特征的直接反映，共同影响着旅游企业对其利益相关者实现诚信的方式和路径。弄清这两个核心问题可以准确把握我国旅游企业诚信缺失的根本原因，是从根源上解决该问题的起点。

第二,旅游企业诚信该如何衡量?应包含哪些测量指标?如何对相关指标进行赋权以建立科学可靠的旅游企业诚信评价体系?

在准确把握旅游企业诚信概念和实现机理的基础上,还需要设计一个有效的衡量工具对旅游企业诚信的水平和程度进行度量,需要深入探究包括哪些测量指标以及如何根据这些指标构建科学有效的旅游企业诚信评价体系。由于我国旅游企业诚信缺失问题严重,对于旅游企业诚信问题的研究较多,且集中于旅游企业诚信评价问题的研究,一些学者论述了旅游企业诚信评价的必要性和重要性,并就相关评价指标的构建提出了指导性的思路(俞静,1996[①];张爱萍,2003[②];王丽华、张宏胜,2004[③]),部分学者还提出了系统的旅游企业诚信评价指标体系(邓健、任文举,2009[④];颜澄,2010[⑤];金惠红,2010[⑥])。这些评价指标体系虽然对实践具有一定的指导意义,但是还存在以下局限性:一是缺乏对我国各类旅游企业通用性诚信评价体系研究,大多数评价体系仅适用于旅行社企业;二是评价体系的研究不够科学、严密和系统,评价指标的理论依据不够充分,缺乏实证检验,研究结果可靠性差;三是评价体系的实用性和可操作性较差,部分指标概念不够清晰,指向的信息不具备可采集性。本研究拟对上述局限性有所弥补与突破。

第三,如何正确使用旅游企业诚信评价体系对旅游企业的诚信水平进行测量?该体系是否具有实操性?能否成为旅游行业管理部门对企业诚信进行有效管理的有力工具?

本研究希望为旅游行业管理部门提供有效的旅游企业诚信管理工具,非常注重研究结果的实用性和可操作性。因此,拟在本研究所开发的旅游企业诚信评价量表体系与评价体系基础上,具体操作评价旅游企业诚信状况,验证旅游企业诚信评价量表体系的信度与效度、可操作性等,为后续的实证研究提供必要的技术保障。本研究将挑选相关旅游企业进行实证研究,即运用本研究构建的旅游企业诚信评价体系,对挑选出的不同类型旅游企业的诚信水平与质量做出评价,可以对研究成果进行实用性检验,并在此基础上提出完善我国旅游企业诚信建设的政策建议。

以上三个问题以旅游企业诚信的概念、维度和机理为研究起点,互相关联并构成了逻辑递进关系,本研究将围绕这三个核心问题对旅游企业诚信展开系统研究,进而将上述核心问题进一步细化为以下5个具体研究问题,如图1.1所示。

---

① 俞静. 关于对旅行社进行信誉评级的思考[J]. 旅游学刊,1996(5):7~10.
② 张爱萍. 旅游企业的信用问题及其治理对策[J]. 旅游科学,2003(2):25~27.
③ 王丽华,张宏胜. 社区参与型旅游产品开发的"IDPC"模式研究——以非民族旅游地为例[J]. 财经问题研究,2004(6):60~64.
④ 邓健,任文举. 诚信旅游企业测评体系研究[J]. 学术论丛,2009(1):122~123.
⑤ 颜澄. 旅游企业诚信评价体系的构建[J]. 现代营销(学苑版),2010(11):48~49.
⑥ 金惠红. 旅游服务与管理的诚信评价指标体系构建研究[J]. 中国管理信息化,2010,9(8):54~55.

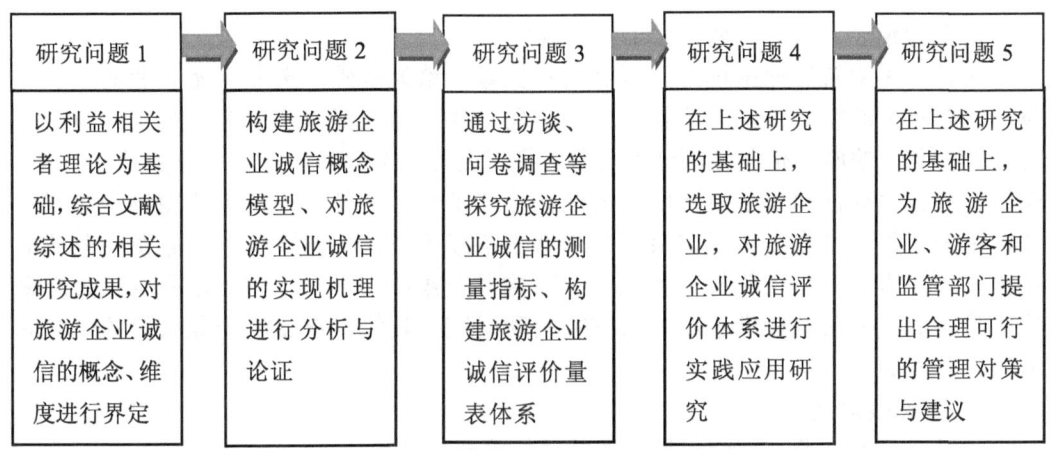

图 1.1　本研究需要解决的具体核心问题

资料来源：本研究整理。

三、研究意义

（一）理论意义

1. 丰富与拓展了信任理论和企业诚信理论的研究范畴

由于国外缺乏对于旅游企业诚信的专门研究，因此，本研究主要借鉴了国外信任理论（尤其是对信任结构及维度方面的研究）和企业诚信理论方面的研究成果。在此基础上，本研究对企业诚信的研究将跨越行业的边界，沿着从"一般"到"特殊"的研究思路，从一般企业诚信入手，再结合旅游业的特点对旅游企业诚信进行深入探讨。这一研究将会丰富和拓展信任理论和企业诚信理论的边界与研究范畴。从已有的相关研究成果来看，对于旅游企业诚信的研究总体上较为分散，且不够体系化，尤其是对旅游企业诚信的概念、维度和内在机理等基本问题的研究，并没有形成较为权威的、统一的结论。本研究将采用探索性的质性研究方法对上述问题进行研究，对于这些基本问题的回答不仅将启动并推进旅游企业诚信这一具有理论价值的研究方向的纵深发展，而且对信任研究和企业诚信研究的丰富与拓展做出贡献。

2. 进一步完善了旅游企业诚信评价的理论体系

由于旅游企业诚信是一个比较抽象的概念，无法进行直接的观察和测量，而且其涉及的利益相关者又比较多，如何对其进行科学测量是一个难以解决的问题，已有的相关成果大多为定性研究，且缺乏系统的理论框架和理论工具，更缺乏实际调研和问卷支持下的实证研究，研究结果对现实的解释性较弱，研究结果可靠性较差。本研究将采用定性与定量方法相结合的方式，以利益相关者理论为基础，对旅游企业诚信的概念、维度和评价测量体系进行深入的探究，构建科学完整、可操作性较强的旅游企业诚信评价量表。本研究在一定程度上丰富了旅游企业诚信评价的理论体系，拓展了旅游企业诚信评价研究的深度。

3. 为旅游企业诚信研究提供了新的视角

本研究采用新的理论视角，以利益相关者理论为基础，选取旅游企业的重要利益相关者——游客、员工、监管部门为调研对象，研究提取了游客、员工、监管部门三种视角下的旅游企业诚信评价指标，通过两轮问卷调查，采用探索性因子分析、聚类分析、验证性因子分析等研究方法，构建了游客、员工视角下的旅游企业诚信评价量表。再通过焦点小组访谈、德尔菲法构建了监管部门视角下的旅游企业诚信评价量表。本研究将利益相关者理论引入旅游企业诚信研究，在一定程度上为未来的旅游企业诚信研究提供了新的研究视角和研究工具，促进旅游企业诚信的研究向纵深方向发展。

（二）实践意义

1. 为旅游行业监管部门提供有效的诚信管理工具

我国旅游企业诚信缺失问题已经成为影响我国旅游业声誉、阻碍旅游业健康发展的严重障碍。如何解决旅游企业的诚信缺失问题已经成为我国旅游业面临的一个重要课题。本研究拟采用科学研究方法，在相关已有研究成果的基础上，借鉴权威国际机构成熟的诚信评价体系以及其他行业诚信评价体系，构建出适合我国国情的旅游企业诚信评价体系，建立旅游企业诚信评价标准。该体系有助于旅游行政管理部门有效识别与评价一个旅游企业的诚信水平与质量，在此基础上建立各旅游企业的诚信档案，传递和披露行业诚信信息，对诚信缺失企业进行监督与管理，更好地治理旅游市场的秩序。

2. 帮助旅游企业监测自身诚信经营水平，建立诚实守信的价值观念

随着全球化竞争压力的不断增加，诚信作为旅游企业安身立命的根本，在提升企业"软实力"方面发挥着越来越重要的作用。从长远来说，诚信缺失的企业在经营中将逐渐丧失顾客的信任及行业内的认可，最终必定会走向消亡。以诚信为原则经营旅游企业，可以有效减少交易成本，提高旅游者对企业的忠诚度，增强旅游企业内部员工的凝聚力并有效降低管理成本。因此，构建有效且具有实操性的旅游企业诚信评价体系，能够帮助旅游企业对自身的诚信水平和质量进行有效衡量，随时监测自身的诚信经营状况，准确详细地了解企业诚信缺失的原因，为诚信缺失问题的治理提供有利依据，从企业的根源上解决诚信缺失现象，建立诚实守信的价值观念和道德观念，培养诚信自律精神，有利于提升我国旅游企业在全球化竞争中的地位。

3. 推动我国旅游产业转型升级，促进旅游业可持续发展

通过建立有效的旅游企业评价体系，不仅可以为旅游行业监管部门提供加强旅游企业诚信治理的有力工具，还可以帮助旅游企业对自身的诚信经营水平进行监测，培养行业自律。最重要的是由此建立了由政府、旅游企业以及旅游消费者共同监督的旅游企业诚信治理体系，对诚信缺失企业进行有效监督与管理，从根本上解决诚信缺失问题，营造公平、公开的旅游市场环境，促进各类旅游企业的公平竞争，树立我国在国际旅游市场上的形象，进而推动我国旅游产业转型升级，促进我国旅游业健康与可持续发展。

第二节 研究目的、方法和思路

一、研究目的

本研究拟从我国各类旅游企业诚信缺失现象入手，以利益相关者为研究视角，结合旅游行业与旅游企业的特性，对我国旅游企业诚信的理论框架进行探讨，并在此基础上采用定性与定量等研究方法，设计一个可以准确衡量我国旅游企业诚信水平与质量的、具有可操作性的评价指标体系。最后，本研究将基于旅游企业诚信评价体系，针对旅游企业、游客以及监管部门提出相关的管理启示及建议。具体研究目标如下：

1. 构建旅游企业诚信理论模型

本研究拟从利益相关者视角出发，以经济学、管理学和旅游学等理论为基础，结合旅游行业以及旅游企业的特殊性，选取具有代表性的旅游企业——旅行社、景区企业和酒店企业作为研究对象，以旅游企业的重要利益相关者游客、员工、监管部门作为调研对象，运用访谈和扎根理论的质性研究方法，对旅游企业诚信的概念、维度和实现机理进行深入研究，构建旅游企业诚信概念和维度模型。

2. 开发旅游企业诚信评价量表

在旅游企业诚信理论模型基础上，通过扎根理论提出相应的维度与测量指标，采用探索性因子分析、聚类分析、验证性因子分析和德尔菲法等方法，开发游客、员工和政府监管部门视角下的旅游企业诚信评价量表，为诚信评价体系的构建打下理论基础。

3. 构建旅游企业诚信评价体系

为了更好地解决"诚信"判断的模糊性和不确定性，本研究拟采用层次分析法和模糊评价模型确立游客、员工和监管部门不同视角下旅游企业诚信评价体系的权重和各评价视角下评价指标的权重。通过探讨体系指标及其权重两部分，构建适合我国国情的旅游企业的诚信评价体系。

4. 评价体系的实用性检验与政策建议

本课题是应用型研究，注重研究成果的实用性和可操作性。本研究拟挑选典型旅游企业（如旅行社），运用研究所构建的旅游企业诚信评价体系，对其诚信水平与质量做出评价，以对旅游企业诚信评价量表的信度与效度、可操作性进行验证，为后续的实证研究提供必要的技术保障。最后，针对旅游企业、游客以及监管部门提出本研究的管理启示及建议，以促进旅游企业的可持续发展，促进旅游市场的整体健康发展。

二、研究方法

任何一项研究都离不开研究方法的支撑，研究方法作为分析、研究问题的工具和手段，在科学研究中有着举足轻重的地位。在本研究中，为了更准确和科学地研究旅游企业诚信的概念并建立旅游企业诚信评价体系，将采用定性与定量方法相结合、理论分析与实证研究相结合的方法对相关研究问题进行深入探究，具体方法如下：

（一）规范研究方法

本研究将从旅游企业诚信、利益相关者理论、旅游企业诚信评价体系等方面，对国内外相关研究成果进行系统回顾与梳理，总结、归纳已有研究成果，运用逻辑推理和理论演绎等方法，对旅游企业诚信的基本问题进行探讨，为研究搭建理论基础，为实证研究提供文献支持。

（二）质性研究方法

本研究将主要采用访谈法、扎根理论等质性研究方法，对旅游企业诚信概念等基本问题进行探索性研究，目的在于深入探讨旅游企业诚信的概念、维度和实现机理，构建旅游企业诚信概念和维度模型。

（三）实证研究法

1. 问卷调查法

为获得构建旅游企业诚信的评价体系研究中所需的原始数据，以进行定量研究，本研究通过扎根理论概化出旅游企业诚信的概念及构成维度后，分解出相关的问项指标，通过德菲尔法，以及问卷的预调研、正式调研、补充调研的过程得到研究所需的数据。对于得到的原始数据，将运用统计分析软件（SPSS）对数据进行分析，在数据效度和信度检验的基础上，进一步通过因子分析法、变量聚类分析法等确定从不同利益相关者角度出发的旅游企业诚信评价体系的最终指标。

2. 数理统计法

通过对旅游企业员工、游客进行问卷调查，获取研究所需要的样本数据，并对问卷调查的结果采用SPSS17.0、Mplus7.0和AMOS20.0统计软件进行信度和效度检验、描述性统计分析、探索性因子分析、验证性因子分析等定量数理统计方法。通过对数据资料进行分析，确定本研究所开发量表的条目、量表的信度与效度，开发出相应的量表，通过AHP层次分析软件具体构建评价体系的权重。

三、研究思路

本研究将循着这样一个基本思路进行：文献与背景分析→核心概念探讨→实地调研与深入访谈→理论的构建→实证检验→结论分析与对策建议。具体来说：

首先，对国内外已有的相关研究文献进行回顾与梳理，在此基础上确定需要研究的核心概念与基本问题，之后，对我国不同类型的旅游企业，如旅行社、酒店、旅游景区、景点等，进行访谈和调研，从理论与实践两方面对旅游企业诚信概念、本质、影响因素、维度结构、诚信实现的机制等基本问题进行探讨，构建旅游企业诚信的理论模型。

其次，基于扎根理论，提取游客、员工、监管部门三种视角下的旅游企业诚信评价指标，通过对员工、游客的两轮问卷调查，采用探索性因子分析、聚类分析、验证性因子分析开发游客、员工视角下的旅游企业诚信评价量表。通过焦点小组访谈、德尔菲法开发监管部门视角下的旅游企业诚信评价量表。之后，为了更好地解决"诚信"判断的模糊性和不确定性，本研究将采用层次分析法和模糊评价模型确立游客、员工和监管部门在不同视角下旅游企业诚信评价体系的权重和各评价视角下评价指标的权重。通过探讨体系指标及其权重两部分，构建旅游企业具体的诚信评价体系。

最后，本研究选择典型传统旅游企业，运用开发的旅游企业诚信评价体系量表，具体评价该企业诚信状况，验证旅游企业诚信评价体系量表的信度与效度、可操作性等，为后续的实证研究提供必要的技术保障。本研究还将基于旅游企业诚信评价体系，针对旅游企业、游客以及监管部门提出管理启示及建议。

本研究的逻辑框架和技术路线如图 1.2 所示。

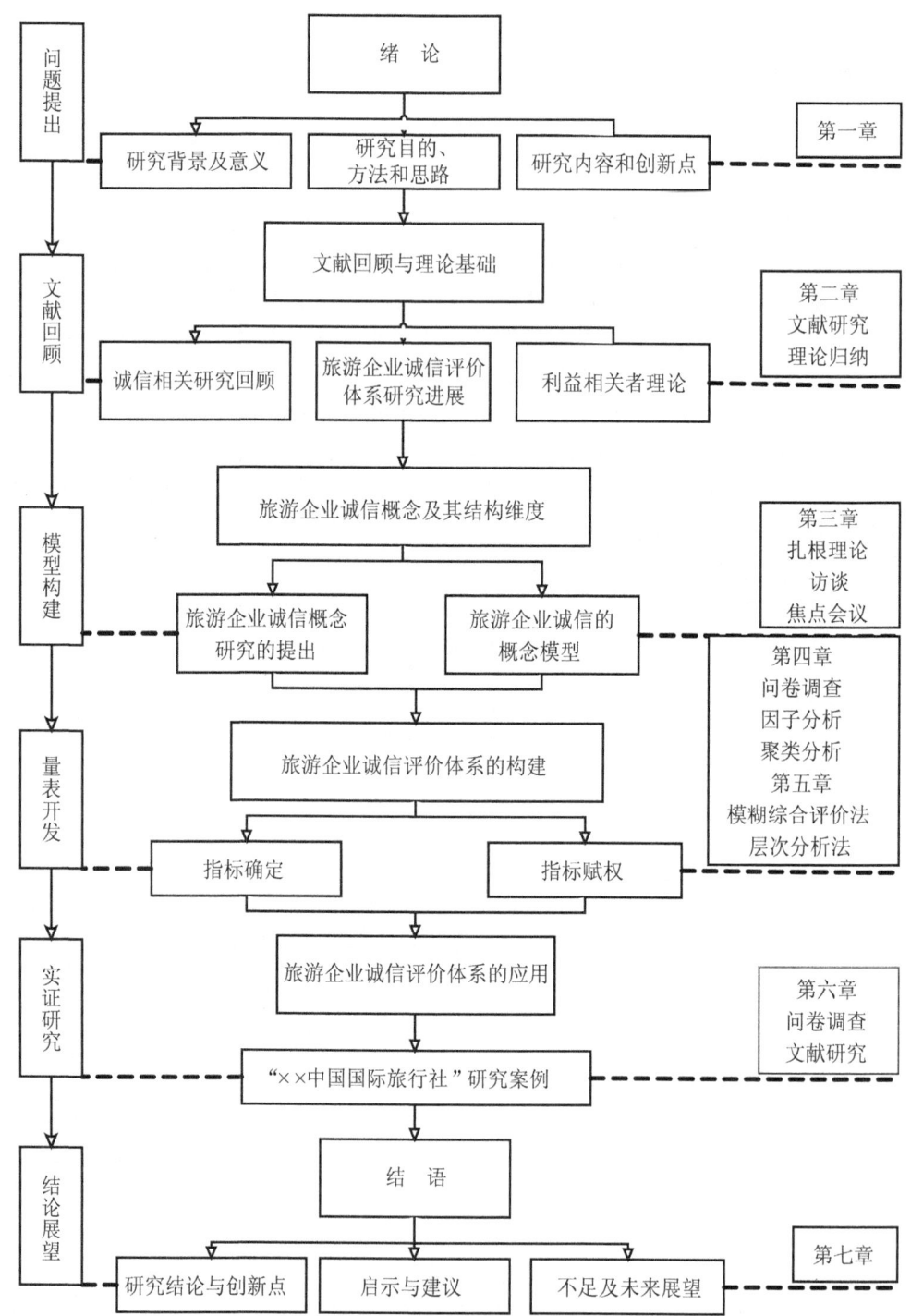

图 1.2 本研究的逻辑框架和技术路线图

资料来源：本研究整理。

第三节 研究内容和创新点

一、研究内容

本研究聚焦于旅游企业诚信问题,运用多种研究方法,构建旅游企业诚信概念模型与旅游企业诚信评价体系。整体而言,研究内容主要分为以下七章:

第一章绪论。作为研究的开篇,绪论首先介绍研究背景,提出研究问题,在此基础上明确研究对象,并说明本研究的理论意义与实践意义;阐释研究所采用的主要研究方法以及整个研究的思路;最后概括本研究的内容,并画出整体逻辑框架图。本章还对研究的创新点进行了总结。

第二章文献回顾与理论基础。为了能给下一章旅游企业诚信概念及其结构维度的构建打下坚实的理论基础,首先查找有关诚信内涵、企业诚信内涵以及旅游企业诚信内涵三方面内容的国内外文献,回顾已有的研究成果,厘清本研究与现有文献理论观点的继承、完善及拓展关系,并发现在此方面的研究局限与不足。本研究继而梳理了旅游企业诚信缺失与治理的相关文献,主要包括企业诚信经营的动因、制约企业诚信的因素、诚信缺失的原因,以及治理诚信缺失现象的措施。整个研究都是从利益相关者的视角出发,因此在本章的第二节详细叙述了此领域的概念定义、分类以及该理论在旅游企业中的应用情况。此外,由于旅游企业诚信高低对于利益相关者具有重要意义,需要探索目前旅游企业诚信评价体系的研究进展,所以本章的最后一节重点梳理了企业诚信评价体系和旅游企业诚信评价体系两部分内容。

第三章旅游企业诚信概念及其结构维度。本章聚焦于旅游企业诚信,从利益相关者角度出发构建了旅游企业诚信概念模型。研究初期,本研究主要采用目的抽样的方法抽取具有代表性的样本,对其进行深度访谈,并对访谈得来的资料进行编码。为了使所有编码得到的范畴达到饱和,本研究又结合理论抽样的方法,选取适当的访谈对象继续访谈。这些受访者都是旅游企业诚信的利益相关者,都与旅游企业诚信有着直接或间接的关系。在访谈过程中为保证研究方向不偏离、研究问题更深入、访谈所得范畴达到饱和,研究组召开多次焦点会议,解决初期研究中的基本问题。接着本章以访谈和焦点会议获得资料为基础,运用扎根理论,通过开放式编码、选择性编码和主轴编码三个过程,层层挖掘、归纳总结,最终完成对原始资料自下而上的归纳整理,从而建立旅游企业诚信概念模型。此外,研究组遵循"动机—认知—行为—结果"这样一种关联机制,对诚信维度和利益相关者之间的关系,即旅游企业如何对不同的利益相关者实现诚信,进行深入探究与阐释,构建旅游企业诚信实现机理模型。

第四章旅游企业诚信评价量表开发。上一章基于扎根理论的探索性研究是从下到上、逐级归纳的过程，而本章则从概念和范畴中分解出问项，是自上而下进行研究，两章的结合恰好是将理论模型中的变量与现实中观察到的变量联系起来的过程。本章主要借鉴第三章质性研究分析的结果，结合德尔菲法确定、筛选、最终形成问项来源。此外基于利益相关者视角，选取与旅游企业密切相关的最主要利益相关者作为评价主体，并针对不同利益相关者形成问卷分别进行实地调研。研究组先对不同利益相关者的调研数据进行信度检验、效度检验及因子分析，形成评价体系的一级指标，又对包含问项较多的因子进行聚类分析，重新命名形成评价体系的二级、三级指标，通过探索性因子分析、验证性因子分析和德尔菲法构建了旅游企业诚信评价量表，两部分结合最终形成了完整的旅游企业诚信评价体系指标与量表。

第五章旅游企业诚信评价体系的构建。本章主要是对已开发的旅游企业诚信评价量表进行赋权，从而建立完整的、普适性高的旅游企业诚信评价体系。鉴于"诚信"概念的主观性，本章运用模糊评价的综合评价方法，根据上一章建立的评价指标体系确定了因素集，通过构造层次结构模型和判断矩阵确立各指标的权重。本研究为指标体系的每一个三级指标设定了统一的评价集，得到了主因素集隶属度矩阵，计算出了一级综合评价，在此基础上建立一级模糊评价矩阵，计算出二级综合评价，最后汇总建立总模糊评价矩阵，得到最终的三级综合评价体系。旅游企业诚信评价体系还需要制定信用评价分类方法为旅游企业打分，从而确立旅游企业诚信水平等级。

第六章旅游企业诚信评价体系的应用。为了方便理解整个诚信评价体系的操作流程，证明设计的综合评价体系具有可操作性，本章以典型的旅游企业——××中国国际旅行社为例，通过实际调研获得数据，按照此套综合评价体系得出该企业诚信总体综合评价的隶属度矩阵，然后计算出该旅游企业的综合评价得分，根据评价分类方法得出该企业的诚信等级。

第七章结语。本研究始终围绕旅游企业诚信评价，建立旅游企业诚信概念模型，并构建旅游企业诚信评价体系。本章将对本研究的主要研究结论及创新点进行总结，在此基础上提出相关管理启示与建议，最后也指出了本研究的研究局限，并提出进一步的改善方向，为未来的研究指明方向。

二、创新点

本研究的创新体现在以下几个方面：
（一）研究内容的创新
1. 构建了旅游企业诚信的理论模型
本研究从利益相关者视角出发，采用深度访谈和扎根理论的方法，探索旅游企业诚信的概念、结构维度以及企业诚信对谁和如何实现的问题，构建了旅游企业诚信的概念和维度模型。其主要贡献在于，首次采用质性研究方法对旅游企业诚信概念和维度进行了探索性研究，为该研究领域的研究工作打下了基础，并且丰富了企业诚信方面的现有文献与研究，补充与发展了旅游企业管理领域的理论与研究。

2. 开发了旅游企业诚信量表

本研究通过对员工、游客的两轮问卷调查，采用探索性因子分析、聚类分析、验证性因子分析构建了游客、员工视角下的旅游企业诚信评价量表。通过焦点小组访谈、德尔菲法构建了监管部门视角下的旅游企业诚信评价量表。所构建的科学完整、可操作性较强的旅游企业诚信评价量表，在一定程度上丰富了旅游企业诚信评价的理论体系，为后续的实证研究提供了可靠的测量工具，有助于旅游企业诚信和旅游企业监管开展深入、定量的应用研究和理论研究。

（二）研究方法的创新

本研究采用定性与定量多种分析与评价方法的结合为学术理论和实践应用客观、准确、量化地评估旅游企业诚信提供了一种新的思路与方法。在以往的研究中，对旅游企业诚信评价的研究多数停留在简单的质性研究层面，并未进行深入挖掘及实证检验，研究结果不够科学、严密和系统，评价指标的理论依据不够充分，缺乏实证检验，评价体系的实用性和可操作性较差。首先，本研究在访谈和扎根理论等质性研究的基础上确立旅游企业诚信的概念、维度、评价指标体系；其次，采用探索性因子分析、验证性因子分析和德尔菲法构建旅游企业诚信评价指标体系的测量工具；最后，引入层次分析法和模糊评价模型确立了游客、员工和监管部门不同视角下旅游企业诚信的权重和各指标权重。

（三）研究视角的创新

本研究以利益相关者理论为基础，选取旅游企业的重要利益相关者游客、员工、监管部门为调研对象，在一定程度上为未来的旅游企业诚信的研究提供了新的研究视角和研究工具。现有的研究多缺乏相应的理论作支撑，也缺乏系统的研究，本研究采用新的理论视角，把利益相关者理论引入到旅游企业诚信的研究中，用利益相关者理论来阐释不同利益相关者视角下的旅游企业诚信的概念、维度、评价指标体系，拓宽了旅游企业诚信的研究视角。

第二章　文献回顾与理论基础

本章将对诚信的概念、旅游企业诚信评价体系、利益相关者理论三个部分进行文献综述及理论基础研究。首先，对诚信的相关概念进行梳理，从诚信与企业诚信的内涵、诚信动因、诚信影响因素、诚信缺失与治理等进行回顾，为后续旅游企业诚信概念的探讨夯实理论基础，并回顾国内外企业诚信评价体系的相关研究，重点回顾旅游企业诚信评价体系的相关研究，为后续构建旅游企业诚信评价体系提供基础理论支撑与相关经验。最后，通过回顾利益相关者理论及其在旅游领域的应用，为本研究从利益相关者视角研究旅游企业诚信评价体系夯实理论基础。

第一节　诚信相关研究回顾

2009年，国务院颁布的《关于加快发展旅游业的意见》，明确了我国旅游业的战略性支柱产业地位，使我国旅游业进入了新一轮快速发展阶段，旅游企业的数量不断增加以及企业间竞争不断加剧，导致旅游企业诚信缺失问题频繁出现。本节将对诚信相关研究进行回顾与梳理，明确诚信与企业诚信的内涵，系统分析企业诚信缺失的根源，找到有效识别与评价旅游企业诚信水平与质量的工具，有助于从根本上解决我国旅游企业诚信缺失问题，营造公平、公开的旅游市场环境，促进各类旅游企业的公平竞争，促进我国旅游业的健康与可持续发展。

一、诚信与企业诚信概念研究

为了透彻理解旅游企业诚信的内涵，需要首先对诚信概念、企业诚信概念进行深入剖析及理解。

（一）诚信内涵

国内外学者对诚信内涵的理解因为文化背景的不同而存在差异，以下分别对国外和国内诚信内涵的相关研究进行阐述。

1. 国外相关研究

西方世界的开放性文化促进了其工商业的发展。建立在市场经济基础之上的西方诚信具有很强的功利性、强制性和规范性。西方诚信侧重于经济活动的需要，是一种契约思想。这种契约思想可以跨越家族、民族乃至国家的界限，不仅仅局限于熟人圈子中，使得经济贸易能在更大的范围内实现。这种契约思想的形成源于西方世界的海洋文化，历来各派力量都势均力敌，长期以来合作的收益大于争斗的收益，于是各派选择合作，契约思想因此形成。卢梭在其著作《契约论》中明确指出，人民大众与政府之间是一种契约关系，人人生而自由平等，明确提出了一种奠定市民社会基础的契约观念——每个市民都享有平等的权利。为了防止有人不讲信用，这个社会中的每一位市民让出属于自己的一部分权利给政府，由政府统一管理。根据这种契约精神，一旦政府不讲诚信，市民社会的市民有权解除与政府之间的契约。随着资本主义的不断发展、市场经济的不断完善，诚信成为健康的、有序的市场秩序的基础，成为成熟市场的基本标志。

多数西方学者认为，诚实是诚信的基础，它要求个体对事件、信息的完全和真实进行披露。如美国经济学家福山（2001）将诚信解释为："在一个社团之中，成员对彼此常态、诚实、合作行为的期待，基础是社团成员共同拥有的规范，以及个体隶属于那个社团的角色。"[①]他认为当今社会的经济与社会发展之原动力来自社会诚信，诚信度的高低决定了经济组织的规模。

20世纪后，实证研究开始在西方盛行，在这种氛围下，来自各个领域的研究者对诚信进行了大量探讨，因此学者们对诚信提出了多种认识。简要说来，主要集中在从个体层面以及从组织层面出发来对诚信进行界定和研究。

从个体层面对诚信的认识及研究的初衷是将"诚信"看作个体的一种个性特质，并依此开发评价个体是否诚信的工具。早期研究者的出发点是：诚信等同于诚实性，60～70年代诚信概念延伸到个性的其他相关成分，但主要集中于"可信赖性"，90年代后延伸到个体的"责任意识"，直至目前在人力资源甄选方面大量进行诚信测验，以认定个体的诚信特质等。

从组织角度来看，这个出发点的研究者结合了心理学、经济学和管理学等多学科的观点，其代表人物是卡普坦。卡普坦（Kaptein，2002）认为：诚信应是组织水平上的概念。虽然诚信在某种程度上被认为是个体的品质，但个体在孤立状态下无所谓诚信，也无法认定其诚信与否；只有当人们一起生活和工作时，诚信才重要，也才表现出个体诚信与否[②]。任何个体的诚信行为后果都表现为组织的结果和问题。另外，他还提出：诚信是一个相对概念。诚信是指在何种程度上个体满足了周围世界对其的合法期望。只有那些被广泛地支持或一般被认为对组织的发展合适或必要的期望才被视为合法期望。判定个体的行为是否诚信，取决于具体情景、场合和时间。

---

① 弗朗西斯·福山. 信任：社会美德与创造经济繁荣[M]. 海南：海南出版社，2001.
② Kaptein M., Wempe J. The balanced company: A theory of corporate integrity[M]. Oxford University Press, 2002.

2. 国内相关研究

国内学者对诚信的深入研究始于20世纪80年代，市场经济的繁荣导致诚信问题逐渐增多，成为社会关注的热点。学者们多从历史发展的视角、伦理学的视角、法律的视角、经济学的视角等对诚信内涵进行研究。康志杰（2004）以历史发展的视角，对中国历史上诚信文化的发展进行了梳理，先秦时期诸子论诚信、秦汉时期神学化与世俗化的诚信、魏晋南北朝时期诚信的缺失、隋唐时期以诚信治国、宋明时代对诚信的再探讨、近代封建社会末期诚信的混乱，这无不与各个历史发展阶段的时代背景有着密切关系[①]。诚信文化在中国有着长久的发展，但中国自古以来重农轻商的思想严重制约商业发展的同时也制约了诚信文化的发展，与西方世界的契约文化不同，中国的诚信文化更是一种道德规范。杨方（2005）、焦国成（2002）等学者从伦理学的视角进行了相关研究，认为诚信是一种道德规范或品质，是由诚实、诚恳的道德品质和讲信用、信任的行为规范两部分组成，其中，"诚"是基础，"信"是行为的外在表现[②③]。经济学视角下的诚信本质上是一种契约关系，是规范市场运行的黄金规则。韩道品、玄云贵（2003）认为社会学领域对诚信问题的研究关注诚信对各种社会契约关系的承认和自觉遵守，社会诚信建设是社会学诚信研究的重要内容[④]。法律视角下的诚信，赵爱玲（2004）等学者则强调法律主体在经济活动中讲究信用、恪守诺言、诚实不欺，要求在不损害他人利益的前提下追求自己的利益[⑤]。诚实信用原则是民事活动的基本原则，进一步提升了诚信在我国社会的地位，为建立诚信社会奠定了基础。

在现代社会，传统的诚信早已冲破其原来的语意范畴，产生了新的意义。诚信也突破了儒家道德思想的躯壳，它不再仅仅是个人为人处事、修身养性的原则。在市场经济飞速发展的今天，诚信已融入社会生活的各个方面，被人们公认为是协调不同利益主之间关系的原则之一，更多地应用于职业道德的规范和行业内外竞争的秩序化。如有研究者提出：诚信，是指一个人的诚实性和信用程度，它既体现于一个人的"个性、价值取向"之中，又与企业的"顾客商誉价值"紧密相关。牛雄鹰、高婕、秦冠州（2001）提出现代社会的诚信已经不局限于一个人的可靠程度和可信任程度，更扩展到其可靠性（dependability）、责任感（conscientiousness）、社会依从性（social conformity）和抗上性（trouble with authority）等方面[⑥]。因此，现代意义上的诚信其目的和出发点是保证社会经济活动的顺畅进行，利益双方在诚信原则下都能获得自己的利益，从而达到一种"双赢"或"多赢"的态势。诚信是内在于市场经济运行过程之中的客观因素，是市场经济良好运行所必须的前提条件。而作为伦理原则的诚信是基于经济规律发挥作用之上，是对作为客观经济规律诚信的主观反映。

---

① 康志杰，胡军. 诚信传统意义与现代价值[M]. 北京：中国社会科学出版社，2004.
② 杨方. 诚信内涵解析[J]. 道德与文明，2005（3）：24～26.
③ 焦国成. 关于诚信的伦理学思考[J]. 中国人民大学学报，2002（5）：2～7.
④ 韩道品，玄云贵. 诚信问题多维研究综述[J]. 山东师范大学学报（人文社会科学版），2003，48（4）：72～73.
⑤ 赵爱玲. 国内诚信研究综述[J]. 道德与文明，2004（1）：68～71.
⑥ 牛雄鹰，高婕，秦冠州. 诚信管理[J]. 中国人力资源开发，2001（6）：54～55.

（二）企业诚信内涵

企业诚信有关其社会地位和价值观，企业诚信不仅要求企业成为一个诚信的独立个体，也要求企业中的员工保持诚信。完整的企业诚信应该包含非语言的和语言的沟通模式，这些模式对意识到人际关系的不同和分歧持有开放态度，拥有一个共同的有价值的目标，致力于公民合作，促进所有社区的繁荣。企业诚信包含了一个企业的方方面面。

马文·布朗（Marvin T. Brown，2006）提出企业诚信包含五个维度：文化层面、人际层面、组织层面、社会层面、自然层面，这五个方面都是企业诚信不可缺少的部分[①]。文化层面的企业诚信强调企业文化要把诚信作为核心部分，这种诚信的观念要深入到企业运营及管理的各个层面。人际层面的企业诚信要求员工间互相诚实、信任，维持一种良好的人际关系。组织层面的企业诚信要求企业作为一个完整的组织，在对外处理事务时，做到讲诚信。社会层面的企业诚信要求企业对自己的行为负责，对所在社区居民负责，对消费者负责，不做有损于社会利益的事宜。自然层面的企业诚信要求企业对自然环境负责，不能把利益建立在破坏环境、无节制地消耗自然资源的基础之上。

从企业社会责任角度出发，托马斯·马克（Thomas Maak，2008）提出了企业诚信的 7Cs 模型，包括承诺（commitment）、道德行为（conduct）、内容（content）、环境（context，利益相关者）、言行一致（consistency）、连贯性（coherence，道德原则和行为一致）、连续性（continuity）[②]。这七个方面是企业诚信的基本内涵，与上文企业诚信的五个层面维度不同，这里的 7Cs 强调的是企业诚信的基本要素。

达里尔·克恩（Daryl Koehn，2005）把企业诚信看做一种商业财富[③]。它可以让企业避免短期想法和行为，和所有利益相关者保持健康长久的关系，在如今竞争激烈的市场中脱颖而出，保持长久的市场地位。

国内关于企业诚信的研究始于 20 世纪初，王小锡（2003）、肖荣智（2009）等学者认为诚信作为一个多维度的概念，既是道德规范又是隐性的社会契约，认为诚信是企业契约关系得以正常维持的基本道德规范，是对顾客、对职工、对同行、对社会履行市场契约的一种体现为责任心的理性精神[④][⑤]。王书玲、郜振廷（2010）等提出的企业诚信则由现代诚信派生出来，其影响因素包括宏观他律环境、微观自律环境和企业自身追求利润长期最大化的影响，并提出了诚信与企业诚信的关系模型图[⑥]。随着研究的不断深入，对企业诚信概念的理解也在不断地深入与扩展，王辉（2009）认为诚信是以利润最大化为宗旨的内在目的性和以履行契约为基本的外在工具性的统一[⑦]。这一界定有别于其他将诚信作为一种道德规范的认知，强调了企业诚信的经济特征。

---

① Brown M T. Corporate integrity and public interest: A relational approach to business ethics and leadership [J]. Journal of Business Ethics, 2006, 66(1): 11-18.
② Thomas Maak. Undivided corporate responsibility: towards a theory of corporate integrity[J]. Journal of Business Ethics, 2008(2): 353-368.
③ Daryl Koehn. Integrity as a Business Asset[J].Journal of Business Ethics, 2005 (58): 125-136.
④ 王小锡. 企业诚信及其实现机制——以"海尔"为例[J]. 伦理学研究, 2003（6）：63～67.
⑤ 肖荣智. 企业诚信与诚信企业[J]. 产业与科技论坛, 2009, 8（6）：228～229.
⑥ 王书玲, 郜振廷. 企业诚信内涵解析——兼论相关概念关系[J]. 中国商贸, 2010（12）：222～223.
⑦ 王辉. 论企业诚信及其实现途径[J]. 征信, 2009（2）：77～79.

二、企业诚信的相关研究

"诚信经营"是很多优秀企业的经营理念,但仍有一部分企业追求短期利益,将诚信文化抛之脑后,曝出诚信缺失行为。本研究将探讨企业诚信经营的动因、企业诚信影响因素、诚信缺失的原因以及治理诚信缺失问题的措施,以期深入理解诚信缺失现象。

(一)企业诚信动因

企业领导者往往都能认识到企业诚信经营的重要性,也承认诚信经营的价值,但往往并不全面了解企业诚信经营的动因,往往会在利益诱惑前迷失企业的方向。因此,有必要全面理解诚信为什么有价值,企业为什么要诚信经营。

多娜(Donna Kennedy-Glans,2007)较为全面地概括了企业诚信经营的动因:前瞻性管理比被动管理更能让企业成功;帮助企业管理最薄弱的环节;吸引、留住人才;保持竞争性优势;商业诚信是企业传达给公众和政府的重要信息;在当地社区建立持续的信誉;增强企业平衡长短期重要事项的能力;加强公司治理;有助于项目和企业风险管理;运营和财务诚信的影响;对惩罚的评估;受到基金管理机构以及社会利益相关者的认可;帮助企业确定其影响力范围;回应客户期望值;在社会发展中定位企业角色成功之路[1]。达里尔·克恩(Daryl Koehn,2005)提出企业诚信是一种商业财富,能让企业经营得更有效率、表现得更有创造力[2]。

克雷普斯(Kreps,1982)等提出的著名的声誉模型(Reputation Model),对有限重复博弈中信誉效应即合作现象做出很好的解释,也从声誉角度解释了企业为什么要诚信经营[3]。只要博弈重复次数足够多,合作行为在有限次重复博弈中就会出现。每个参与人尽管在选择合作时可能面临被对手出卖的风险,从而可能得到一个较低的现阶段支付,若对方是合作类型的话,如果他选择不合作就暴露自己是非合作型的,从而失去获得长期合作收益的可能。只要博弈重复次数足够多,未来收益的损失就超过短期被出卖的损失。因此,即使他们在本性上并不是合作型的,在博弈开始时每一个参与人都想树立一个合作形象,使对方认为自己是喜欢合作的,而只有在博弈快结束时,参与人一次性地把自己过去建立的声誉用尽,合作才会停止,因为此时短期收益很大而未来损失很小。

如上所述,企业诚信经营的动因集中在以下几个方面:企业自身组织的建设、企业与顾客的关系管理、企业与社区的利益平衡、企业对社会的责任感。如果企业领导者能充分认识到企业诚信的动因,这种思想便能内化成领导者自身的诚信,彼德里克和奎恩(Petrick & Quinn,2001)认为领导者诚信作为一种战略性资产可以帮助企业

---

[1] 多娜·肯尼迪·格兰斯. 企业诚信管理工具与案例[M]. 北京:中国时代经济出版社,2007.
[2] Daryl Koehn. Integrity as a Business Asset [J]. Journal of Business Ethics, 2005(58): 125-136.
[3] Kreps D. M., Milgrom P., Roberts J., et al. Rational cooperation in the finitely repeated prisoners dilemma[J]. Journal of Economic Theory, 1982, 27(2): 245-252.

的诚信文化自上而下进行贯彻，实现企业的可持续发展战略[①]。

（二）企业诚信影响因素

由于企业诚信包含了许多要素，所以影响企业诚信的前置因素也必然和这些要素相关。为了更好地了解国内外学者在此领域的研究情况，通过对相关文献的回顾，本研究把影响因素分成两组：企业内部影响因素和企业外部影响因素。

1. 内部影响因素

企业诚信的内部前置影响因素主要有企业领导者的诚信、企业员工的诚信、企业诚信文化。这三者都会直接影响企业诚信，同时企业文化会影响企业领导者和员工的诚信，企业领导者和员工的诚信度又会影响企业诚信文化，企业领导者的诚信也会影响企业员工的诚信。

国外关于企业领导者诚信这一因素的研究较多。领导者诚信是组织的战略资产。戴维斯和罗斯坦（Davis & Rothstein，2006）指出，员工对管理者诚信的感知会影响其工作满意度、组织承诺、对组织的情感，也就是说管理者的诚信会影响员工对企业的认可度，进而会影响企业诚信文化在组织中的贯彻[②]。有学者（Walumblwa，2008）指出诚信领导应该包括五个维度，即自我认识、关系透明、内在规范、平衡处理、积极道德观[③]。也有学者（Palanski，2009）探究了领导者诚信如何影响追随者即员工的诚信，以及领导者在培养群体和组织的诚信中扮演的角色[④]。怀特（White，2008）揭示了领导者诚信和员工道德倾向之间的关系[⑤]。而国内目前对于诚信领导的研究还停留在对国外相关研究的引进中。综上所述，企业领导者的诚信会影响员工的诚信、企业诚信文化，从而影响企业诚信。

企业员工诚信是企业诚信的一个重要维度，企业员工诚信与否不仅会影响企业的内部管理，也会影响与顾客间的友好关系建立。企业诚信文化潜移默化地影响着企业的每个成员，因此也会影响企业诚信。

2. 外部影响因素

托马斯·马克（Thomas Maak，2008）指出企业诚信外部影响因素主要是社会环境方面的影响因素[⑥]。社会环境主要是指企业所处的社会氛围，社会是追求诚信经营，还是只以利益最大化为重；社会的舆论影响；社会法制是否健全等。公众的价值偏向以及社会舆论都左右着企业诚信经营的决心。西方国家法制相对健全，如美国的《反海外腐败法》、经济合作与发展组织的反贪污指南等，这些法律法规和指南约束着西方企业的经营，另有一些法律保护企业经营的产权，保障了契约执行。长期以来形成的

---

① Petrick, J. A., Quinn, J. F. The challenge of leadership accountability for integrity capacity as a strategic asset [J]. Journal of Business Ethics, 2001(34): 331-343.
② Davis, A. L., Rothstein, H. R. The effects of the perceived behavioral integrity of managers on employee attitudes: A meta-analysis[J]. Journal of Business Ethics, 2006, 67(4): 407-419.
③ Walumbwa, F. O., Avolio, B. J., Gardner, W. L., et al. Authentic leadership: Development and validation of a theory-based measure[J]. Journal of Management, 2008, 34(1): 89-126.
④ Palanski, M. E., Yammarino, F. J. Integrity and leadership: A multi-level concep.tual framework[J]. Leadership Quarterly, 2009, 20(3): 405-420.
⑤ White, D. W., Lean, E. The impact of perceived leader integrity on subordinates in a work team environment[J]. Journal of Business Ethics, 2008, 81(4): 765-778.
⑥ Thomas Maak.Undivided corporate responsibility: Towards a theory of corporate integrity[J]. Journal of Business Ethics, 2008 (82): 353-368.

契约精神能在企业经营中发挥重要作用,因此企业诚信经营成为社会主流。而目前在我国,由于社会诚信体系的缺乏,社会道德环境较差,长期以来旅游工作的重点主要放在对外宣传促销,对内严厉打击扰乱旅游市场的行为上,始终没有从旅游企业自身和旅游业整体大环境上谋求发展。

三、旅游企业诚信

(一)旅游企业诚信的概念与内涵

诚信,即诚实无欺、信守诺言。与个人诚信不同,当企业作为一个道德行为主体时,由于其经营活动中涉及多个利益相关者,其内在诚信动机、运行机制、实现路径更加复杂。具体到旅游业,与有形商品相比,旅游企业(旅行社、饭店、旅游交通、景区景点和旅游购物商店等)提供的大部分旅游产品和服务具有无形性、生产与消费同步性、异质性等特点,这使得旅游者在购买时很难看到或触摸。为了降低购买风险,明智的旅游者会更看重一家旅游企业的信誉,推断该企业是否会诚实守信地做出承诺并按照合同履行各项服务承诺,进而做出购买决策。由此可见,诚信是旅游企业吸引消费者的一种重要无形资产。

在对旅游企业诚信这一无形资产进行深度概念剖析的过程中,杨晓霞、李天德(2004)对旅游诚信中旅游信用的内涵、理论基础进行了最早的探讨:旅游信用是一种广义综合的信用,包括主观上"一诺千金"的诚实守信和客观上偿付能力的统一[①]。具体而言,旅游信用是指旅游活动的主体为谋求利益最大化,建立在诚实守信道德基础上的心理承诺与约期实践相结合的意志和能力。近几年来,关于旅游企业诚信的代表性概念如表 2.1 所示。

表 2.1 旅游企业诚信概念

概念来源	具体定义
刘雷、吴郭泉(2008)	旅游企业诚信是社会对旅游企业履行符合当事人利益的承诺的可能性的稳定预期,它取决于企业的履约能力和履约意愿[②]
邓健、任文举(2009)	旅游企业在开展生产经营及其他相关旅游活动时,对相关各方即利益相关者的信诺守行[③]
张文静、张宏梅(2013)	诚信意味着每个旅游市场主体在其管理经营或消费活动中诚实守法,信守合同,且诚信与服务质量密切相关、相互影响[④]

资料来源:本研究整理。

分析以上定义,虽然表述侧重不同,但无不强调旅游企业对旅游承诺的信守与履行,旅游承诺一般被默认为旅游合同。此外,以上学者还指出旅游企业诚信状况与企

[①] 杨晓霞,李天德. 旅游信用初探[J]. 西南民族大学学报(人文社科版),2004,25(10):174~177.
[②] 刘雷,吴郭泉. 论旅游企业诚信[J]. 广西青年干部学院学报,2008(7):70~77.
[③] 邓健,任文举. 诚信旅游企业测评体系研究[J]. 中国市场,2009(1):122~123.
[④] 张文静,张宏梅. 旅游市场不诚信行为研究:以安徽省旅行社为例[J]. 旅游学刊,2013(5):99~108.

业的履约意愿、履约能力和履约结果密切联系，并没有对旅游企业诚信的概念做出清晰的界定。

（二）旅游企业诚信缺失的企业分布与主要表现

旅游企业是具有行业特殊性的企业类型，受其行业特点与当前我国整体诚信建设的现状影响，目前我国旅游企业的诚信问题比较突出。不少学者进一步对旅游企业诚信缺失的主要表现进行了实际调研，其中金惠红、陈许红、徐春芬（2010）调查表明价格欺诈、合同条款模糊、虚假旅游广告等行为是旅游企业不诚信的主要表现[①]。针对诚信缺失最严重的旅行社业，张文静、张宏梅（2013）以安徽省旅行社从业人员为研究对象，通过重要性—绩效分析指出居于前5位的不诚信行为：零负团费、恶意拖欠款、低价竞争和散布虚假消息、保险公司推诿责任、地接社/景点/酒店违反合同约定的服务标准[②]。郑向敏、吴纪滨（2004）进一步将旅游企业诚信缺失现象归纳为两类：旅游企业对旅游者的诚信缺失和旅游企业间的诚信缺失，其中旅游企业对旅游者的诚信缺失在近两年来主要表现为降低服务标准、导游未尽职责、擅自增减项目、延误变更行程等，而旅游企业之间的诚信缺失主要有违约、拖欠款、不正当竞争三种表现形式[③]。

（三）旅游企业诚信缺失根源

现有研究认为旅游企业诚信缺失是政治、文化、道德、法律等多种因素综合作用的结果，认为诚信缺失主要是企业、行业及社会三个层面的原因。

从旅游企业层面来说，企业对失信行为的认识不足，再加上产权制度不合理导致国有旅游企业的经营者与企业的信誉之间没有长远利益关系，私营、民营旅游企业对产权缺乏稳定的预期，这些都会促使旅游企业经营者为了短期利益而放弃信誉所能带来的长远利益。杨晓霞、李天德（2004）指出"无恒产者无恒信"、企业缺乏足够的道德修养和自律动机等，也包括旅游企业特有的原因：旅游企业内部行为不完全控制性、旅游关联企业行为的不可预测性、旅游活动契约关系的不完全性等[④]。此外，经营规模较小，缺乏科学的管理制度，经营者存在短视行为，也是一些旅游企业不诚信的内部原因。

从旅游行业层面来说，张丽靖（2006）认为由于旅游产品的无形性、生产与消费的同时性和旅游活动的暂时性导致旅游者与旅游企业之间存在着严重的信息不对称，不完全信息下的有限博弈使得旅游者处于劣势地位，容易诱发企业道德风险和逆向选择，做出失信行为[⑤]。此外，旅游行业协会目前尚未建立起有效的自律机制，行业内的信息通报制度不完善，失信行为无法得到及时真实的披露，在一定程度上助长了企业失信发生的可能性。

[①] 金惠红,陈许红,徐春芬. 旅游服务与管理的诚信评价指标体系构建研究[J]. 中国管理信息化,2010（15）：54～55.
[②] 张文静,张宏梅. 旅游市场不诚信行为研究：以安徽省旅行社为例[J]. 旅游学刊,2013（5）：99～108.
[③] 郑向敏,吴继滨. 论旅游企业经营诚信的缺失与重建[J]. 桂林旅游高等专科学校学报,2004,15（2）：21～25.
[④] 杨晓霞,李天德. 旅游信用初探[J]. 西南民族大学学报（人文社科版）,2004,25（10）：174～177.
[⑤] 张丽靖. 旅游企业诚信机制建立初探[J]. 科技与经济,2006（4）：110～111.

从社会层面来说，学者们一致认为政府对失信行为的发生承担一定的责任，法律体制不健全和政府监管作用有限导致失信和守信之间的惩治与保护失衡，失信行为监管较难。还有学者提到社会环境，尤其是社会道德水准的下降也是旅游企业诚信缺失的重要原因。此外，宋艳萍、王怡然（2007）认为我国旅游市场上旅游者一味追求低价、维权能力不足、对消费过程缺乏了解等不理性行为也是旅游企业诚信缺失的重要诱因之一，间接促使了旅游企业在价格战下选择降低服务质量等一系列不诚信行为[1]。

内因和外因双重影响下的有限博弈决定着旅游企业是否选择守信。范中启（2005）从旅游企业诚信他律的博弈分析指出失信行为被发现的概率和失信行为的成本是约束企业行为选择模式的关键因素[2]。完整充分的信息是市场主体做出交易决定的重要参考，而目前我国尚未建立有效的旅游信息披露机制，失信者的失信记录不易取得，致使失信不会或者很少会给失信者带来不便或者损失，失信的收益大于失信的成本。于是，失信便成为理性人基于效益最大化而做出的选择。

（四）旅游企业诚信缺失治理

旅游企业诚信缺失的治理目的在于重建企业诚信，王良健（2004）与宋艳萍、王怡然（2007）认同从企业和政府两个层面共同推进[3][4]。根据旅游企业诚信缺失的内外部原因，其缺失治理对策主要包括了社会环境、法律制度的监管以及企业家和企业内部的努力等方面。概括来说，在企业层面，深化体制改革，建立产权清晰的现代企业制度，实现权责利的长期统一，同时要注重企业内部诚信制度的建设，建立诚信奖惩机制。此外，深化企业对诚信问题的认识，转变旅游企业的诚信价值观和培养旅游诚信主体的自律精神，是改变旅游行业诚信缺失的关键所在。在社会层面，良好的社会诚信氛围是企业诚信的基石，完善的法律规范和政府及市场监管是诚信的保障。建立完善的社会监督机制，充分地发挥媒体等社会力量的监督作用，给失信行为强大舆论压力也非常有必要。在规范性的制度和法律层面之外，齐善鸿、吕波（2006）指出单纯依靠经济、法律等强制手段，对于治理旅游企业信用危机作用有限[5]。道德治理是刚性治理结构的有益补充，通过道德治理，使企业树立自我监管的伦理意识，对于建立旅游企业信誉机制、抑制企业败德行为的发生将起到积极作用。

上述研究大多是从企业、行业、政府、社会几个层面对于旅游企业诚信缺失根源及其治理进行了分析，基本为定性研究，绝大多数是从宏观视角对现象进行简单的描述与原因的分析，缺乏采用系统的理论框架和理论工具。另外，大多数研究缺乏科学方法、实际调研及问卷支持下的实证研究，因此其对现实的解释性较弱、可操作性较差，无力真正地解决现实问题，更多是呼吁从政府、法律、制度等层面解决旅游企业的诚信问题，而不能从根本上找到旅游企业诚信缺失的根源。

---

[1] 宋艳萍，王怡然. 基于旅游者的旅游诚信体系分析[J]. 江苏商论，2007（9）：69~70.
[2] 范中启. 旅游企业诚信他律机制初探[J]. 中国矿业大学学报（社会科学版），2005（1）：51~60.
[3] 王良健. 建立健全的旅游诚信服务评价体系[J]. 旅游学刊，2004，19（5）：6~7.
[4] 宋艳萍，王怡然. 基于旅游者的旅游诚信体系分析[J]. 服务经济，2007（9）：69~70.
[5] 齐善鸿，吕波. 旅游企业信用危机与道德治理[J]. 理论探讨，2006（5）：80~82.

第二节　旅游企业诚信评价体系研究进展

西方发达国家对企业诚信评价体系的研究多集中在银行信用评级领域，如标准普尔公司、穆迪公司、惠誉国际公司都有一套成熟完善的信用评级体系。这类信用评价体系相对成熟，但其重视财务指标，并不适合具有服务性特质的旅游行业。国外对旅游企业诚信评价体系的研究非常罕见，本节将重点梳理国内学者关于旅游企业诚信评价体系的观点及研究成果。

一、企业诚信评价体系

评价企业诚信与否对企业的利益相关者有着重要意义。西方学者们提出了多种评价模型，既有定性模型，也有定量模型。还有相当多的信用评级中介机构（穆迪投资服务公司、惠誉国际信用评级有限公司）提出了针对企业的信用评价体系，并广泛用于实践。

马文·布朗（Marvin T. Brown，2006）以五个维度为基准对企业诚信进行各个层面定性的评价[①]。建立在市场经济基础上的西方社会注重对企业的信用评级，并依此判断企业是否能成为未来的合作伙伴。学者们以及业界人士已经建立了回归模型（OLR）、有序概率选择模型（OPM）、神经网络方法（Neural Networks，NNs）、数据包络分析法（DEA）等多种信用评级方法。

王（Wang，2013）对传统的数据方法进行对比、分析后得出了最成功的方法是回归模型（OLR，Ordered Logistic Regression）和有序概率选择模型（OPM，Ordered Probit Model）[②]。神经网络方法（NNs）在文献中经常被用来进行信用评估，布伦南（D. Brennan & A. Brabazon，2004）等在以往的研究中，发现 NNs 比传统的数据方法要精确得多[③]。哈耶克（Hajek P. & Hajkova V.，2010）等对比了不同类型的 NNs，发现径向基函数神经元网络（Radial Basis Function Neural Networks，RBF）和概率神经网络（Probabilistic Neural Networks，PNNs）比多层感知机（Multiplayer Perception，MLP）、成组数据处理法（Group Method of Data Handling，GMDH）和逻辑回归方法（Logistic Regression）要更显著[④]。数据包络分析法在企业当前信息的支持下即可建立起信用评分模型，所需数据相对更易收集。

标准普尔公司、穆迪公司、惠誉国际公司都有各自的一套信用评价标准。标准普

[①] Marvin T. Brown. Corporate Integrity and Public Interest: A Relational Approach to Business Ethics and Leadership[J]. Journal of Business Ethics, 2006(1): 11-18.
[②] Hwang R. C. Forecasting credit ratings with the varying-coefficient model[J]. Quantitative Finance, 2013, 13(12): 1947-1965.
[③] D. Brennan, A. Brabazon. Corporate bond rating using neural networks[C]. International Conference on Artificial Intelligence IC-AI'04 1, 2004: 161-167.
[④] Hajkova V., Hajek P. Analysis of regional innovation systems by neural networks and cluster analysis[J]. Communication and Management in Technological Innovation and Academic Globalization, 2010: 46-51.

尔公司信用等级从高到低依次是 AAA、AA、A、BBB、BB、B、CCC、CC、C、D，一共有十个等级，其中 AAA 是最有保障的等级，D 是风险最高的等级。阿廷格（Atting，2013）等认为信用评级机构倾向于对社会绩效表现良好的企业给予相对较高的信用评级[1]。企业社会责任方面的表现传达了重要的非财务信息，信用评级机构会把此纳入对企业信用的评级中，而这些在企业社会责任方面投入较多的企业往往会取得较高的信用评级，从而降低企业的财务成本。

信用等级评估是一个复杂的参数整合过程，其结果决定了一个企业的可信程度以及可合作性，然而专业的信用评级机构往往收费较高，降低评级费用的方法是使用自主的评价程序，哈耶克（Hajek P.，2013）等对比了几种自主的信用评价方法，并遵循一个著名的范式监督机制，不仅对已评级的企业进行检测，还应用到了未知信用等级的企业中[2]。

不同的信用评价体系在评估项目、输入变量和等级设置上都有所不用。哈耶克（Hajek P.，2013）等发现美国的评级方法侧重于考察企业规模和市场占有率，而欧洲的信用评级方法倾向于考察收益和杠杆比例[3]。不同的信用评价体系对数据的要求也不尽相同，数据包络分析法就可以只依据企业当前数据进行分析，而逻辑回归方法等则需要企业的历史经营数据。对于信用评级等级设置，标准普尔公司采用十等级，哈耶克采用九等级评价方法。等级数越多，对企业诚信评价的精确度越高，也更易于投资者理性选择合作伙伴。

国内对于企业诚信评价的研究始于 20 世纪 80 年代，是企业发行债券产生了对企业资信评价的需要。中国人民银行金融研究所首先就企业资信评级进行探讨，并组建了多家评估机构，各专业银行也开始开展企业资信评级工作。谭中明、江红莉（2012）以私营企业为对象，站在"融资"过程中资金提供者的角度，从企业诚信意愿与诚信行为、偿债能力、盈利能力、营运能力以及发展能力五个方面构建私营企业诚信评价指标体系，并将 ANP 方法与 ER 方法相结合，构建企业诚信度评价模型，并选取一家私营企业进行应用分析[4]。总的来说，相比于西方学者的研究，我国企业诚信评价主要以企业内部资信评级为主，多基于某个行业进行研究评价，指标上没有形成相对统一的认知，更缺乏全国通用的企业诚信评价体系和方法。在研究方法上，也多采用简单的主观打分的方法，缺乏客观性和严谨性。

---

[1] Attig, N., E. L. Ghoul, S., Guedhami, O., & Suh, J. Corporate Social Responsibility and Credit Ratings[J]. Journal of Business Ethics, 2013(4): 679-694.
[2] Hajek, P., Michalak, K. Feature selection in corporate credit rating prediction[J]. Knowledge-Based Systems, 2013 (51): 72-84.
[3] Hajek, P., Michalak, K. Feature selection in corporate credit rating prediction[J]. Knowledge-Based Systems, 2013 (51): 72-84.
[4] 谭中明, 江红莉. 私营企业诚信评价指标体系设计、模型构建及其应用研究[J]. 学术论坛, 2012, 35（9）: 139～143.

二、旅游企业诚信评价体系

国内的旅游诚信评价体系研究始于俞静（1996）对旅行社信誉评级的思考，并构建了旅行社信誉评级的指标，评估范围包括履约意愿、履约能力和履约质量，具体评估要素有发展能力、盈利能力、营运能力、理赔能力、外部协作能力、内部管理能力、市场声誉[1]。该评价体系较为完善，但实操性不强。此后又有众多学者进行了相关的深入探究。邓建、任文举（2009）综合采用多层次指标体系和多因素分析方法，结合旅游企业内部自我评价和外部利益相关者评价两种视角，建立了包含9个一级指标、27个二级指标在内的评价体系。其选取的内部评价指标包括经济信用、经营管理、社会信用、人力资源信用、成长能力及发展前景，外部利益相关者评价分为旅游者、员工、环境、投资者四个部分[2]。该评价体系相比于俞静的评价体系更加完善，且引入利益相关者理论，理论基础更深厚，但部分指标及利益相关者选择的合理性仍有待进一步证实。金惠红（2010）运用专家打分法，结合多层次指标体系和多因素分析方法，构建了一套旅游服务与管理的诚信评价指标体系，提出了四个指数：环境指数、功能指数、质量指数、绩效指数[3]。颜澄（2010）运用层次分析法和萨堤（T. L. Saaty）标度法构建并确定了偏向于旅行社企业的诚信评价指标体系及各级指标的权重，包括内部诚信体系（经济信用、经营管理）和旅游企业外部诚信体系（旅游者感知、员工感知、企业信誉度）[4]。文章采用定量的方法确定了指标的权重，但部分指标，如组织结构、企业的发展能力、企业承担的社会责任等，本身的效度和指标所指信息不易搜集和量化，使得指标体系缺乏操作性。

也有学者从单方利益相关者视角研究旅游企业诚信的评价体系。旅行社是服务型企业，因此游客对旅行社的评价关系到旅行社的生存。部分学者从游客视角入手，构建了旅行社诚信的评价模型。田晶（2006）采用结构方程模型的研究方法对假设模型进行验证，研究结果显示旅行社诚信程度会正向影响游客的感知价值、满意度、行为倾向，该研究结果表明旅行社应该重视诚信经营，以提高顾客满意度，为长期经营带来忠实顾客[5]。亢剑锐（2006）[6]运用问卷调查法和因子分析法构建了旅行社信用评价的主要定性指标体系，并对模型进行了部分实证检验。

张文静、张宏梅（2013）以安徽省旅行社为例，识别出旅游市场的30个不诚信行为，采用重要性—绩效分析模型（IPA）的研究方法，对不诚信行为进行评价和讨论，得到4种类型的旅游市场不诚信行为，采用方差分析对不同工作年限下的旅行社从业人员进行分析，比较发现不同工作年限下的员工对不诚信行为的感知和评价存在差异，

---

[1] 俞静. 关于对旅行社进行信誉评级的思考[J]. 旅游学刊, 1996（5）: 7~10.
[2] 邓健, 任文举. 诚信旅游企业测评体系研究[J]. 学术论丛, 2009（1）: 122~123.
[3] 金惠红. 旅游服务与管理的诚信评价指标体系构建研究[J]. 中国管理信息化, 2010, 9（8）: 54~55.
[4] 颜澄. 旅游企业诚信评价体系的构建[J]. 现代营销（学苑版）, 2010（11）: 48~49.
[5] 田晶. 旅行社诚信对游客感知价值、满意度及行为意向的影响研究[D]. 苏州: 苏州大学, 2006.
[6] 亢剑锐. 旅行社信用指标构建与评估方法研究[D]. 成都: 电子科技大学, 2006.

4 种类型不诚信行为的感知与评价以及不同受访者之间的感知差异可以为旅游市场诚信建设提供理论指导[①]。

以上分别从不同的研究视角选取了评价指标并构建了评价体系，这些评价指标体系虽然对实践具有一定的指导意义，但是还存在以下局限性：一是缺乏对我国各类旅游企业通用性诚信评价体系的研究，大多评价体系仅适用于旅行社企业；二是评价体系的研究不够科学、严密和系统，评价指标的理论依据不够充分，缺乏实证检验，研究结果可靠性差；三是评价体系的实用性和可操作性较差，部分指标概念不够清晰，指向的信息不具备可采集性，相关数据的可获取性较差，不适用于实际的旅游企业诚信评价。

第三节　利益相关者理论

本研究主要是基于利益相关者理论，来构建旅游企业诚信概念模型以及评价体系，对利益相关者理论的研究进行回顾，为后续研究提供扎实的理论基础。

目前，国内外对利益相关者理论的研究比较丰富。利益相关者理论（Stakeholder theory）是 20 世纪 60 年代起源于英美等西方国家的一种管理理论，与传统的股东利益至上理论的主要区别在于，该理论认为任何一家企业的发展都离不开各种利益相关者的投入和参与，如股东、内部员工、企业顾客及供应商等。特别是从 1984 年美国弗里曼的著作《战略管理：利益相关者方法》一书出版后，引发国内外学者对利益相关者理论研究的小高潮，同时很多学科也开始慢慢注意并探索该理论在其各自具体学科中的应用，利益相关者理论的影响范围开始逐步扩大。然而，在该理论的发展过程中，在学界也存在不少的争议，主要集中在利益相关者难以准确定义及分类。国内外学者对利益相关者理论的研究主要集中在三个方面：一是利益相关者的定义，即探讨如何界定利益相关者的问题；二是利益相关者的分类问题，通过对利益相关者的分类研究，进一步确定利益相关者范围；三是将利益相关者理论应用于各个学科，开展具体问题的研究，集中在探索利用利益相关者理论能具体解决什么问题。

一、利益相关者的定义

虽然利益相关者理论发展至今已有数十年，但对利益相关者这一概念的界定问题，多纳德逊、邓非（2001）认为至今都没有得到一个普遍认同的定义[②]。米切尔与伍德

[①] 张文静，张宏梅. 旅游市场不诚信行为研究：以安徽省旅行社为例[J]. 旅游学刊，2013，28（5）：99~108.
[②] 多纳德逊，邓非著. 赵月瑟译. 有约束力的关系——对企业伦理学的一种社会契约论的研究[M]. 上海：上海社会科学院出版社，2001.

（Mitchell & Wood，1997）对自 1963 年以来的 27 种代表性利益相关者定义进行了归纳分析，指出学者们对利益相关者作出的定义有广义和狭义之分[①]：

广义的概念能够为企业管理者提供一个全面的利益相关者分析框架，其中以弗里曼（Freeman，1984）的定义为主要代表，弗里曼（Freeman，1984）认为"利益相关者就是能够影响一个组织目标的实现或者受到一个组织实现其目标过程影响的人"[②]。弗里曼与埃文（Freeman & Evan，1990）指出股东、债权人、雇员、供应商、消费者、政府部门、相关的社会组织和社会团体、周边的社会成员等，全都归入此范畴[③]。然而，按照弗里曼的界定方法，人们在进行利益相关者的实证研究及实际应用的过程中，发现将所有的广义利益相关者作为一个整体来研究或实践寸步难行，涉及的对象繁冗复杂，难以清晰合理地对各个方面的利益相关者进行周到的考虑，从而很难得出令人信服的结论。

狭义的概念指出哪些利益相关者对企业具有直接影响，企业管理者在其经营过程中必须对其加以考虑，其中以克拉克森（Clarkson，1995）的表述最具代表性，他认为，利益相关者在企业中投入了一些实物资本、人力资本、财务资本或一些有价值的东西，并由此而承担了某些形式的风险，或者说，他们因企业活动而承受风险[④]。该定义进一步加强了利益相关者与企业的关联，强调专用性投资，将自然环境、政府部门、社会组织及社会团体、社会成员等排除在利益相关者的范围之外。然而，在企业的日常经营活动中，自然环境、政府部门等都间接对其存在特殊性投资，如良好的自然环境能使员工以更好的心情去工作，进而提高员工的工作效率及企业的运营效率。同时，政府部门为企业营造公平的市场竞争环境或提供一些福利性政策，这都是在为企业提供特殊性质的"专用性投资"。

在国内学者中，比较有代表性的是贾生华、陈宏辉（2002），在借鉴国外研究的基础上，他们认为利益相关者就是指那些在企业中进行了一定的专用性投资，并承担了一定风险的个体或群体，其活动能够影响该企业目标的实现，或者受到该企业实现目标过程的影响的人[⑤]。从该定义中可以看出，他们对利益相关者概念的界定介于广义和狭义之间，既强调企业与利益相关者的关联性，又强调专用性投资。

利益相关者理论的基础在于对利益相关者定义的界定，只有正确认识和区分利益相关者才能真正构建系统的利益相关者理论，同时也能应用到实践中，指导实践工作的开展。随着利益相关者理论研究的逐步兴盛，有关这一概念的界定也多达数十种，本研究将国内外几种影响较大的定义总结列表如表 2.2 所示。

[①] Mitchell, A., Wood, D. Toward a theory of stakeholder identification and salience: Defining the principle of whom and what really counts[J]. Academy of Management Review, 1997, 22(4): 853-886.
[②] Freeman, R. E. Strategic management: A stakeholder approach[M]. Cambridge University Press, 1984.
[③] Freeman, R. E., Evan, W. M. Corporate Governance: A Stakeholder Interpretation[J]. Journal of Behavioral Economics, 1990(19): 337-359.
[④] Clarkson, M. A Stakeholder Framework for Analyzing and Evaluating Corporate Social Performance[J]. Academy of Management Review, 1995, 20(1): 92-117.
[⑤] 贾生华，陈宏辉. 利益相关者的界定方法述评[J]. 外国经济与管理，2002, 24（5）：13~18.

表 2.2 国内外学者对利益相关者概念的界定

概念来源	具体定义
弗里曼与雷德（Freeman & Reed，1983）①	广义：利益相关者是那些能够影响一个组织目标实现的人，或者自身受到一个组织目标的实现所影响的人 狭义：利益相关者是组织为维持其持续的生存而必须依赖的人
弗里曼（Freeman，1984）②	能够影响一个组织目标的实现或能够被组织实现目标的过程所影响的人
伊尔与琼斯（Hill & Jones，1992）③	那些在企业有合法要求权的组成部分
克拉克森（Clarkson，1995）④	利益相关者在企业中投入了一些实物资本、人力资本、财务资本或一些有价值的东西，并由此而承担了某些形式的风险，或者说，他们因企业活动而承受风险
布伦纳（Brenner，1995）⑤	利益相关者是指那些既能够影响企业或组织，又能够被企业或组织活动所影响的人
克拉克（Clark，1998）⑥	对企业来说存在这样一些利益群体，如果没有他们的支持，企业就无法生存
贾生华、陈宏辉（2002）⑦	指那些在企业中进行了一定专用性投资，并承担了一定风险的个体或群体，其活动能够影响该企业目标的实现，或者受到该企业实现目标过程的影响
陈宏辉（2004）⑧	指那些在企业中进行了一定的专用性投资，并承担了一定风险的个体和群体，其活动能够影响该企业目标的实现，或者受到该企业实现其目标过程的影响
江若尘（2004）⑨	可以影响企业战略制定和绩效并对企业有法定权利的个人和组织
刘丹（2005）⑩	从法律视角研究了利益相关者与公司治理，他认为只有在公司中投入了专用性资产的人或团体才是公司的利益相关者
王辉（2005）⑪	利益相关者在核心层面上应该是企业联合生产过程中的资源投入者，主要包括股东、债权人、雇员、经理层、客户等
郝云宏、曲亮等（2009）⑫	立足于企业的契约本质，指出凡是与企业建立了契约关系，并根据这一契约关系规定了相互责任和收益的个人与团体就是企业的利益相关者
江若玫、靳云汇（2009）⑬	利益相关者是享有企业合法权益的主张者，是在企业下了"赌注"的个人或集团

资料来源：本研究整理。

---

① Freeman R. E., Reed D. L. Stockholders and stakeholders: A new perspective on corporate governance[J]. California Management Review, 1983, 25(3): 88-106.
② Freeman R. E. Strategic management: A stakeholder approach[M]. Cambridge University Press, 1984.
③ Hill C. W. L., Jones T. M. Stakeholder-agency theory[J]. Journal of Management Studies, 1992, 29(2): 131-154.
④ Clarkson, M. A Stakeholder Framework for Analyzing and Evaluating Corporate Social Performance[J]. Academy of Management Review, 1995, 20(1): 92-117.
⑤ Brenner S. N. Stakeholder theory of the firm: Its consistency with current management techniques[J]. Understanding Stakeholder Thinking, 1995 (75): 96.
⑥ Clark J. V., Jones P. J. S. Stakeholder decision analysis process: A report of the severn estuary strategy workshops[J]. University College, London, 1998.
⑦ 贾生华, 陈宏辉. 利益相关者的界定方法述评[J]. 外国经济与管理, 2002（5）: 13~18.
⑧ 陈宏辉. 企业利益相关者的利益要求理论与实证研究[M]. 北京: 北京经济管理出版社, 2004.
⑨ 江若尘. 大企业利益相关者问题研究[M]. 上海: 上海财经大学出版社, 2004.
⑩ 刘丹. 利益相关者与公司治理法律制度研究[M]. 北京: 中国人民公安大学出版社, 2005.
⑪ 王辉. 企业利益相关者治理研究——从资本结构到资源结构[M]. 北京: 高等教育出版社, 2005.
⑫ 郝云宏, 曲亮, 吴波. 企业经营绩效评价——基于利益相关者理论的研究[M]. 北京: 机械工业出版社, 2009.
⑬ 江若玫, 靳云汇. 企业利益相关者理论与应用研究[M]. 北京: 北京大学出版社, 2009.

从上述的概念界定中不难看出，国外对利益相关者理论的研究早于国内研究。国外对利益相关者理论的研究从最初的探索式研究，即对定义的界定，到利益相关者理论的广泛运用有一个成熟的发展过程。而国内对利益相关者的研究晚于国外，作为国内利益相关者研究的先行者，杨瑞龙、周业安（2000）并没有直接给出利益相关者的定义，而是通过对潜在利益相关者与真实利益相关者两者间的联系来说明对这一概念的理解[①]。

国内外学者对于利益相关者的认识是共性和差异并存的，其共性是都认识到利益相关者与企业之间存在一定程度的联系，两者是相互影响的；而差异在于对利益相关者范围的认识及利益相关者和企业间的相互影响程度的认识。按照表 2.2 中弗里曼对利益相关者的定义来看，其所包含的利益相关者范围很广。而国内学者主要是集中在从某一个视角来开展利益相关者的研究，并给出相应的定义界定。

二、利益相关者的分类

国内外已有的相关文献中对利益相关者的分类研究较为丰富。为了更好地理解利益相关者在企业中的地位和发挥的作用，国内外学者不满足于仅仅局限在利益相关者的概念研究，自 20 世纪 80 年代后期，西方学者兴起了对利益相关者分类的研究。学界认为只有对利益相关者进行科学合理的分类，才能针对不同类别的利益相关者实行科学的管理，从而促进企业和利益相关者的和谐发展。国外学者对利益相关者分类的研究主要集中在两个方面，即多维细分法和米切尔评分法。

（一）多维细分法

多维细分法主要包括以查克汉姆（Charkham，Clarkson & Wheeler）等人为代表的分类方法，主要是指根据利益相关者的某些特征差异，将企业的利益相关者从多个维度进行分类。目前国内外众多学者都在一定程度上采用该种分类方法。弗里德里克（Frederick，1988）按照利益相关者是否能对企业的政策和方针施加影响，将其划分成直接利益相关者和间接利益相关者[②]。查克汉姆（Charkham，1992）按照利益相关者群体与企业合同关系的性质，将其划分为契约型利益相关者和公众型利益相关者，前者包括股东、员工、顾客及供应商等；后者包括政府部门、当地居民及媒体等[③]。克拉克森（Clarkson，1995）根据利益相关者在企业经营活动中承担风险的种类，即与企业的紧密性程度，这取决于他们所承担的风险是自己要求的或是企业加在他们身上的，将其分为主动的利益相关者和被动的利益相关者，前者是那些向企业投入了专用性资本的群体，如股东、员工等；后者则是因企业的行为而被动受影响的个人或群体[④]。惠勒（Wheeler，1998）在克拉克森提出的利益相关者分类基础上，引入社会性维度，

---

① 杨瑞龙，周业安. 利益相关者理论及应用[M]. 北京：经济科学出版社，2000.
② Frederick W. Business and Society: Corporate Strategy, Public Policy[M]. New York: McGraw-Hill, 1988.
③ Charkham J. Corporate Governance: Lessons from Abroad[J]. European Business Journal, 1992, 4(2): 8-16.
④ Clarkson, M. A Stakeholder Framework for Analyzing and Evaluating Corporate Social Performance[J]. Academy of Management Review, 1995, 20(1): 92-117.

将其分为四类：首要社会性利益相关者、次要社会性利益相关者、首要非社会性利益相关者、次要非社会性利益相关者。其中，首要社会性利益相关者与企业有直接关系，并且有人参加，主要包括顾客、供应商、员工等；次要社会性利益相关者通过社会性活动与企业形成间接联系，主要包括当地居民；首要非社会性利益相关者是指对企业有直接影响，但不是具体的自然人，如自然环境等；次要非社会性利益相关者则是指对企业有间接影响的非自然人[①]。

国内学者在借鉴国外研究的基础上，结合我国的实际情况也提出了一些代表性的观点。李心合（2001）分别按照利益相关者合作性和威胁性两个维度划分成支持型、边缘型、不支持型以及混合型四种类型，支持型的利益相关者是具有合作性强、威胁性低的特点；边缘型是指对企业的威胁和合作两方面的可能性都较低；不支持型是指对企业的潜在威胁性较高，而合作可能性较低的群体；混合型是指与企业的合作可能性和对企业的威胁性都较高的相关利益群体[②]。陈宏辉（2004）按照主动性、重要性和紧急性将利益相关者划分成核心利益相关者、蛰伏利益相关者和边缘利益相关者[③]。李维安、王世权（2007）将利益相关者划分成广义利益相关者和狭义利益相关者，狭义的利益相关者是指组织没有存在，就不能存在的个人或群体，包括股东、员工、顾客、相关供应商、重要的政府机关、相关金融机构；广义的利益相关者是指任何能够影响组织目标的实现或受这种实现影响的群体或个人，包括股东、员工、顾客、公益团体、抗议团体、政府机关、业界团体、竞争对手、工会等[④]。

（二）米切尔评分法

米切尔评分法是米切尔和伍德（Mitchell & Wood）在1997年提出的，从利益相关者所必需的属性出发，提出了三个属性，即合法性（Legitimacy）、权力性（Power）和紧急性（Urgency），对可能存在的利益相关者进行评分，按照分数的高低来确定是否为企业的利益相关者，属于哪种类型的利益相关者[⑤]。将利益相关者划分为以下三类：潜在型利益相关者（Latent Stakeholders）、预期型利益相关者（Expectant Stakeholders）、确定型利益相关者（Definitive Stakeholders）。潜在型只拥有三种属性中的一种，预期型拥有其中的两种，确定型同时拥有三种属性。米切尔评分法的出现，大大提高了利益相关者概念界定的可操作性，让学术研究和实践应用指导等更合理地开展，有力地推动了利益相关者理论的推广应用。同时，该方法逐渐成为界定利益相关者范围的常见方法。李维安、王世权（2007）指出，将利益相关者分类进行研究的目的在于缩小利益相关者的研究范围，并不是所有的利益相关者都应该一视同仁，而是应该对其有等级区分和层次区分的[⑥]。

陈宏辉、贾生华（2004）借鉴国外学者的"多维细分法"和"米切尔评分法"的

[①] Wheeler D., Sillanpaa M. Including the Stakeholder: The Business Case[J]. Long Range Planning, 1998, 31(2).
[②] 李心合. 利益相关者与公司财务控制[J]. 财经研究, 2001（9）：57～63.
[③] 陈宏辉. 企业利益相关者的利益要求理论与实证研究[M]. 北京：北京经济管理出版社, 2004.
[④] 李维安, 王世权. 利益相关者治理理论研究脉络及其进展探析[J]. 外国经济与管理, 2007, 29（4）：10～17.
[⑤] Mitchell, A. & Wood, D. Toward a theory of stakeholder identification and salience: Defining the principle of whom and what really counts[J]. Academy of Management Review, 1997, 22(4): 853～886.
[⑥] 李维安, 王世权. 利益相关者治理理论研究脉络及其进展探析[J]. 外国经济与管理, 2007, 29（4）：10～17.

分析思路，从利益相关者的主动性、利益相关者的重要性和利益相关者要求的紧急性三个维度对所界定出的 10 种利益相关者进行分类，以评分的方法将国内企业的利益相关者分为核心利益相关者、蛰伏利益相关者、边缘利益相关者[①]。核心利益相关者是企业不可或缺的群体，与企业有紧密的利害关系，甚至可以直接左右企业的生存和发展，包括股东、管理人员和员工。蛰伏利益相关者往往已经与企业形成了较为密切的关系，所付出的专用性投资实际上使得他们承担着一定的企业经营风险，在企业正常经营状态下，他们也许只是表现为一种企业的显性契约人而已，然而一旦其利益要求没有得到很好的满足或是受到损害时，他们可能就会从蛰伏状态跃升为活跃状态，其反应可能会非常强烈，从而直接影响企业的生存和发展，包括消费者、债权人、政府、供应商和分销商。边缘利益相关者往往被动地受到企业的影响，在企业看来他们的重要性程度很低，其实现利益要求的紧迫性也不强，主要指特殊利益集团和社区。

三、利益相关者理论的应用

根据利益相关者理论在国外的发展历程，可以发现利益相关者理论已经成为现代西方企业战略管理研究的重要领域和分析工具，被视为企业的构成要素并已经纳入广义的企业管理范畴（Donaldson，1995）[②]。从 20 世纪 70 年代开始，企业的社会责任研究受到广泛关注，刘俊海（1999）认为企业不仅仅只是生产产品和劳务的工具，不仅要承担经济责任，更要承担法律、环境保护、道德和慈善等方面的社会责任[③]。这一观点认为利益相关者理论所提倡企业在进行获利活动时，要关注其他利益相关者的利益。到 20 世纪 90 年代以后，西方学者开始从利益相关者的视角对企业治理进行研究。詹森和梅克林（Jensen & Meckling，1976）认为公司治理的作用不仅包括调节股东与经济层的关系、大股东与小股东的关系，还应该包括调节股东和其他利益相关者的作用[④]。公司治理的目的是为了在保护利益相关者利益的前提下，实现利润的最大化。

国内对利益相关者理论在企业管理中的应用研究相比于国外虽然起步较晚，但是在我国企业转型升级、改革的时代大背景下，利益相关者理论作为企业管理理论的一种，在国内已经取得一些探索性研究成果。我国较早将利益相关者理论应用于公司治理研究最具代表性的有杨瑞龙、李维安等。杨瑞龙、周业安（1998）对控制权分配与企业治理、资产专用性角度的利益相关者分析、以知识分工为基础的决策权配置与最优企业所有权安排等研究都卓有见地，阐述共享所有权及利益相关者"共同治理"的优越性，提出"多边治理"理念[⑤]。李维安、唐跃军（2005）则更多地从公司治理机制角度研究利益相关者参与的实现机制，提出中国国有企业治理应该实现从"行政型

[①] 陈宏辉，贾生华. 企业利益相关者三维分类的实证分析[J]. 经济研究，2004（4）：32～36.
[②] Donaldson T., Preston L. E. The stakeholder theory of the corporation: Concepts, evidence, and implications[J]. Academy of Management Review, 1995, 20(1): 65-91.
[③] 刘俊海. 公司的社会责任[M]. 北京：法律出版社，1999.
[④] Jensen M. C., Meckling W. H. Theory of the firm: Managerial behavior, agency costs and ownership structure[J]. Journal of Financial Economics, 1976, 3(4): 305-360.
[⑤] 杨瑞龙，周业安. 论利益相关者合作逻辑下的企业共同治理机制[J]. 中国工业经济，1998（1）：38～45.

治"到"经济型治理"的转型,构筑了"经济型治理模型",提出了公司治理边界等重要概念[①]。从公司治理的角度,王涛(2005)指出从利益相关者理论出发,很难设计出一种激励机制,让经理层对所有的利益相关者都负责任,这相当于让其对谁都不承担义务和责任[②]。由此可以看出,在作出一般性的制度设计之前,合理的界定"利益相关者"的范围是一个根本性的前提。也有学者从企业社会责任、企业绩效评价、企业财务研究、企业伦理管理等方面研究了利益相关者理论在其中的研究。其中,企业伦理管理涉及企业对多方利益主体的诚信、道德行为,陈宏辉、王江艳(2009)从企业员工、消费者、法律法规、股东、债权人、供应商等出发,指出企业要想真正做到伦理管理,就要做到对这些利益相关者的道德诚信[③]。但是,目前较少有人从利益相关者的角度出发,提出具体的伦理管理的措施和机制,对于评判企业是否做到伦理管理的相关标准也缺乏统一的认知。

四、利益相关者理论在旅游企业中的应用

随着利益相关者理论在管理学领域的逐渐兴盛,不少国内外的旅游研究学者开始热衷于将"利益相关者"应用到旅游领域中来。《全球旅游伦理规范》中明确使用了利益相关者一词,标志着该概念也正式得到官方的认可。李正欢、郑向敏(2006)指出旅游企业管理研究领域正式引入利益相关者理论始于20世纪80年代[④]。相对来说,学界对旅游利益相关者问题的研究历史比较年轻,国外最早一批研究该问题的学者是以弗雷德根(Fridgen, Selin & Beason)等为代表,他们并没有直接将利益相关者理论应用于旅游研究领域,但他们从协作与组织关系的角度对此问题作了前瞻性的研究[⑤]。我国旅游学界从21世纪初引入利益相关者的概念,在该领域的研究明显滞后于西方学者。

国内外学者对旅游企业利益相关者概念的界定及分类,大多数都是在管理学领域中利益相关者概念界定的基础上,结合各自研究的特定对象给出相应的概念界定。罗伯森等人(Robson, 1996)指出旅游经营商的利益相关者包括股东、员工、游客、居民、压力集团、国家和地方政府、宾馆、旅游交通、旅游景区、旅游代理商、媒体等[⑥]。马丁等人(Martin Cihar, Jindriska Stankova, 2006)就捷克共和国塔亚河盆地国家公园的利益相关者对于公园的态度进行了调查分析[⑦]。埃里克等人(Erick T. Byrd & Larry Gustke, 2007)以美国北卡罗莱纳州的两个县为例,研究了如何以决策树模型来识别

---

[1] 李维安,唐跃军. 上市公司利益相关者治理机制、治理指数与企业业绩[J]. 管理世界,2005(9):127~136.
② 王涛. 利益相关者理论视角下的国有企业治理结构分析[J]. 生产力研究,2005(1):154~156.
③ 陈宏辉,王江艳. 企业成长过程中的社会责任认知与行动战略[J]. 商业经济与管理,2009(1):51~58.
④ 李正欢,郑向敏. 国外旅游研究领域利益相关者的研究综述[J]. 旅游学刊,2006,21(10):85~91.
⑤ Sheehan L. R., Ritchie J. R. Destination Stakeholders: Exploring Identity and Salience [J]. Annals of Tourism Research, 2005, 32(3): 711-734.
⑥ Robson J., Robson I. From shareholders to stakeholders: Critical issues for tourism marketers[J]. Tourism Management, 1996, 17(7): 533-540.
⑦ Cihar M., Stankova J. Attitudes of Stakeholders Towards the Podyji/Thaya River Basin National Park in the Czech Republic[J]. Journal of Environmental Management, 2006, 81(3): 273-85.

旅游业的利益相关者[①]。国内学者代鹤锋、袁净（2010）在研究基于利益相关者视角的旅游企业社会责任时，按照旅游企业与利益相关者的利益性质、关系程度和影响力大小，构建了关于中国旅游企业利益相关者的基本图谱，主要分为核心层、战略层和外围层。其中，核心层是指那些在旅游企业中拥有直接的经济、法律和道德利益的个人与群体，它是旅游企业生存和发展的根本利益层；战略层则是利益关系仅次于核心层，且拥有较大潜在影响力的个人或群体；而外围层则是指旅游企业赖以生存和发展的大环境[②]。

根据以往学者的研究，旅游企业的利益相关者主要包括旅游企业的股东、企业员工、旅游者、供应商等，同时也包括政府部门、当地的社区居民、环保组织及媒体等，甚至包括自然环境等受到旅游企业经营活动直接或间接影响的客体。宋瑞（2005）根据我国旅游发展的实际情况，将旅游产业的利益相关者分为旅游开发商、政府（政府中的经济及旅游部门）、当地社区（当地居民及当地民间组织）、压力集团（政府环保局、媒体机构、科研所及学校、环境、野生动物、人权、工人权利等非政府组织）、旅游者五类[③]。

在旅游景区管理方面，张伟、吴必虎（2002）以四川省乐山市为例，将利益相关者理论运用到四川省乐山市旅游发展战略规划实践中，把旅游景区规划管理中的利益相关者界定为政府部门、公共部门、私有企业、非政府组织、当地居民等[④]。保继刚、古诗韵（2002）把游客、政府、商业部门、本地居民、景点开发商等确认为景区规划管理中的主要利益相关者[⑤]。张维、郭鲁芳（2006）将旅游景区的利益相关者定义为"能够影响旅游景区目标的实现，或者被旅游景区目标影响的个人或群体"，归纳出旅游景区的主要利益相关者包括景区管理委员会、员工、当地居民、景区经营者、旅行社、供应商、旅游者和竞争者等[⑥]。郑仕华（2007）根据夏赞才对旅行社利益相关者的层次分类思路，选取云南昆明石林风景区做实证分析，也将景区的利益相关者分为核心层、战略层和外围层[⑦]。徐涛（2008）将与旅游景点有密切关系的利益相关者认定为政府、旅游企业、社区居民和旅游者[⑧]。孙建平、张春阳、田文红（2014）以九寨沟景区为例，从利益相关者的角度来探讨旅游景区管理的和谐共存机制，并将旅游景区的利益相关者也分为核心层、战略层和外围层[⑨]。

在旅行社管理方面，夏赞才（2003）将利益相关者理论应用于旅行社的研究，首

---

① Erick Byrd, Larry Gustle. Using Decision Trees to Identify Tourism Stakeholders: The Case of Two Eastern North Carolina countries[J]. Tourism and Hospitality Research, 2007, 7(34): 176-193.
② 代鹤锋，袁净. 基于利益相关者视角的旅游企业社会责任研究[J]. 资源环境与发展, 2010（2）：33～36.
③ 宋瑞. 我国生态旅游利益相关者分析[J]. 中国人口·资源与环境，2005, 15（1）：36～41.
④ 张伟，吴必虎. 利益主体（Stakeholder）理论在区域旅游规划中的应用——以四川省乐山市为例[J]. 旅游学刊, 2002, 17（4）：63～68.
⑤ 保继刚，古诗韵. 广州城市游憩商业区对城市发展的影响[J]. 地理科学, 2002（4）：489～494.
⑥ 张维，郭鲁芳. 旅游景区门票价格调整的经济学分析——利益相关者理论视角. 桂林旅游高等专科学校学报, 2006, 17（1）：44～47.
⑦ 郑仕华. 石林风景区主要利益相关者及其关系分析[J]. 技术与市场, 2007（10）：86～88.
⑧ 徐涛. 旅游景区主要利益相关者分析[J]. 华商, 2008（20）：44～38.
⑨ 孙建平，张春阳，田文红. 基于利益相关者视角下旅游景区管理的和谐共生机制探究——以九寨沟景区为例[J]. 旅游纵览（月刊），2014（2）：32～35.

先确定了谁是旅行社的利益相关者，同时根据旅行社与利益相关者间的利益性质、关系程度及影响力三个基本的定性因素，提出旅行社利益相关者的基本图谱，分为核心层、战略层和外围层，每一部分都包含着不同类型的利益相关者，并指出核心层利益相关者主要包括投资者、职工、旅游者、供应商、代理商、旅游局等[①]；金慧君、郭鲁芳（2005）等研究了国内旅游团利益相关者利益格局，并绘出了由旅游行政部门、旅游协会、导游、旅行社、游客、购物商等构成的国内旅游团利益相关者均衡发展模式图[②]。陈爱兰、李明骞（2007）界定了旅行社利益相关者，即对旅行社进行专用性投资并为旅行社经营活动承担风险的人和群体，并依据这一定义将旅行社利益相关者归纳为：投资者、债权人、供应商、旅游地（包括旅游地、社区、居民、自然环境、人文环境）、关系旅行社、企业员工、旅游者、旅游地居民、政府相关部门等，并在此基础上从利益相关者角度构建旅行社激励机制[③]。朱月双（2014）通过分析旅行社利益相关主体，从利益相关者理论的角度提出旅行社社会责任的合理评价指标，并赋予权重，构成评价指标体系，从而增强旅行社的社会责任意识，提高旅行社的经营管理水平[④]。

在酒店利益相关者的研究领域方面，熊伟、吴必虎（2007）以广州为例研究星级酒店的利益相关者结构图，分为核心利益主体、战略利益主体、边缘利益主体及环境利益主体，同时探讨了各个层次的利益相关者群体对酒店发展的影响[⑤]。曾惠英（2013）基于利益相关者理论，从股东、员工、消费者、供应链企业和竞争者、社区、环境 6 个角度来具体阐释酒店应承担的社会责任内容[⑥]。郑赤建、李建达（2008）将产权式酒店的利益相关者确定为：房地产开发商、投资者、管理公司、政府、信息机构、金融机构、其他利益相关者[⑦]。

上述关于各类旅游企业利益相关者的界定，大多是采用利益相关者界定中最常用的分析方法，即多维细分法。学者根据特定的研究对象，抓取各类利益相关者的特征进行分类，如表 2.3 所示。这种分析方法拓宽了人们对旅游企业利益相关者的认识，便于更加全面深刻地理解旅游企业的利益相关者，从而更好地对其利益相关者进行科学合理的管理，促进多方的协调健康发展。但此种分析方法也存在不足之处，它是基于一种静态的视角来分析旅游企业的利益相关者。目前，国内有关旅游企业利益相关者的研究中，较少采用动态的研究框架，忽视了企业发展变化的同时也会引起利益相关者变动的事实，对利益相关者动态研究框架的探索可以在米切尔评分法的基础上进行创新。

---

① 夏赞才. 利益相关者理论及旅行社利益相关者基本图谱[J]. 湖南师范大学社会科学学报，2003（3）：72～77.
② 金慧君，郭鲁芳，吴理俊. 国内旅游团利益相关者利益格局均衡发展模式探究[J]. 旅游科学，2005，19（5）：21～26.
③ 陈爱兰，李明骞. 基于利益相关者理论的旅行社激励机制构建[J]. 内江科技，2007，28（10）：87～88.
④ 朱月双. 基于利益相关者构建旅行社社会责任指标体系[J]. 中国商贸，2014（16）：125～126.
⑤ 熊伟，吴必虎. 星级酒店利益相关者结构及其影响分析——以广州为例[J]. 旅游学刊，2007，22（4）：92～96.
⑥ 曾惠英. 酒店对利益相关者的社会责任初探[J]. 经济研究导刊，2013（34）：248～249.
⑦ 郑赤建，李建达. 产权式酒店核心利益主体研究——利益相关者理论视角[J]. 生态经济（学术版），2008（1）：356～359.

表 2.3　国内外学者对旅游企业主要利益相关者的界定

资料来源	旅游企业类型	主要的利益相关者
Robson J., Robson I.（1996）[①]	旅游经营商	股东、员工、游客、居民、压力集团、国家和地方政府、宾馆、旅游交通、旅游景区、旅游代理商、媒体等
张伟、吴必虎（2002）[②]	旅游景区规划	政府部门、公共部门、私有企业、非政府组织、当地居民等
保继刚、古诗韵（2002）[③]	旅游景区规划	游客、政府、商业部门、本地居民、景点开发商等
张维、郭鲁芳（2006）[④]	旅游景区	景区管理委员会、员工、当地居民、景区经营者、旅行社、供应商、旅游者和竞争者等
徐涛（2008）[⑤]	旅游景区	政府、旅游企业、社区居民和旅游者
金慧君、郭鲁芳（2005）[⑥]	国内旅游团	旅游行政部门、旅游协会、导游、旅行社、游客、购物商等
郑赤建、李建达（2008）[⑦]	产权式酒店	房地产开发商、投资者、管理公司、政府、信息机构、金融机构、其他利益相关者

资料来源：本研究整理。

在本研究中，旅游企业专指狭义范围内的传统旅游企业，即旅行社、酒店和旅游景区，并从利益相关者的角度来评价旅游企业的诚信状况。主要考虑到旅游企业存在涉及面广、与其他行业关联度高，决定了其利益相关者分析的复杂性和广泛性。同时，这三类代表性的传统旅游企业的利益相关者存在共性及差异，本研究从共性的角度来确定旅游企业的利益相关者，最后得到顾客、企业员工及监管部门这三个代表性的利益相关者来对旅游企业进行诚信评价。

第四节　本章小结

本章首先对诚信及企业诚信的内涵、诚信的动因及旅游企业诚信缺失的根源等相

[①] Robson J., Robson I. From shareholders to stakeholders: Critical issues for tourism marketers [J]. Tourism Management, 1996, 17(7): 533-540.
[②] 张伟, 吴必虎. 利益主体（Stakeholder）理论在区域旅游规划中的应用——以四川省乐山市为例[J]. 旅游学刊, 2002, 17（4）: 63~68.
[③] 保继刚, 古诗韵. 广州城市游憩商业区对城市发展的影响[J]. 地理科学, 2002（4）: 489~494.
[④] 张维, 郭鲁芳. 旅游景区门票价格调整的经济学分析——利益相关者理论视角[J]. 桂林旅游高等专科学校学报, 2006, 17（1）: 44~47.
[⑤] 徐涛. 旅游景区主要利益相关者分析[J]. 华商, 2008（20）: 44~38.
[⑥] 金慧君, 郭鲁芳, 吴理俊. 国内旅游团利益相关者利益格局均衡发展模式探究[J]. 旅游科学, 2005, 19（5）: 21~26.
[⑦] 郑赤建, 李建达. 产权式酒店核心利益主体研究——利益相关者理论视角[J]. 生态经济（学术版）, 2008（1）: 356~359.

关研究进行了梳理归纳，接下来重点对旅游企业诚信评价体系进行研究，发现已有研究的不足以及可借鉴的研究方法及相关理论基础。最后，从内涵、分类、应用三个层面对利益相关者理论进行了总结，特别是针对该理论在旅游企业中的运用进行了回顾。通过文献分析，主要有以下启示：

启示一：通过对诚信及企业诚信的概念、动因等的深入研究，对比旅游企业诚信缺失的根源，发现由于旅游产品存在无形性、生产与消费的同时性等特殊性，旅游企业诚信的概念与其他一般企业诚信的概念是存在差异的，而要更深入地探讨旅游企业诚信评价体系，保障旅游企业诚信评价相关指标的合理性和科学性，势必要追溯到旅游企业诚信内涵的本源。因此，在接下来的章节中，将需要对旅游企业诚信的内涵界定进行更深入的探讨。

启示二：对于旅游企业诚信评价体系的构建，国内外的相关研究缺乏一定的科学性和实操性。由于旅游企业的边界模糊，行业关联度较强，牵涉到的利益相关者较多，因此，评价体系构建中涉及的研究方法、研究数据的获取等，都是旅游企业诚信评价体系构建的阻碍。国外对于企业诚信评价的相关研究、国内关于旅游企业利益相关者的界定研究等，都将为本研究提供参考和理论借鉴。

通过对相关文献的回顾以及理论研究，逐步形成本研究的逻辑分析思路，为后面的旅游企业诚信概念界定、诚信评价体系的构建等奠定理论基础。

第三章 旅游企业诚信概念及其结构维度

当前学术界关于何为旅游企业诚信并没有一致权威的观点。国外的信任研究为诚信研究的继续开展提供了一定的借鉴意义，但是概念上的差异性使得进一步的诚信研究十分必要。国内研究数量较多，但是研究的深度较为粗浅，忽略了旅游企业诚信的特殊性，研究结论也较为分散。立足于旅游企业诚信特殊性来界定旅游企业诚信概念，从而开展相关研究，是集必要性和重要性于一体的。本章首先回顾以往学术界对于旅游企业诚信概念的研究，在文献研究的基础上采用扎根理论质化研究方法，探讨旅游企业诚信的概念模型及实现机理。

第一节 旅游企业诚信概念研究的提出

对旅游企业诚信概念的界定是旅游企业诚信研究的重要逻辑起点。由于旅游产品的无形性、生产与消费的同步性等特征，因此其生产主体——旅游企业的诚信相对于其他企业诚信来说也有特殊性。通过回顾过去学术界对于旅游企业诚信概念的研究，可以为后续更深入的概念探讨提供一定的理论基础。

一、旅游企业诚信概念研究的回顾

不同于中国国情，西方国家并未把旅游行业作为特种行业，且西方发达国家采用严格完善的"征信体系"，故旅游企业诚信问题较少，关于旅游企业诚信方面的研究极为罕见，因此对旅游企业诚信内涵的文献梳理主要参考国内学者的研究成果。

国内最早对旅游企业诚信问题展开研究的是俞静（1996）关于旅行社信誉评级的思考，她提出要从履约意愿、履约能力和履约质量等方面来评估旅行社的信誉等级，对旅游企业诚信问题的研究具有一定的开拓意义[①]。此后，学者们对旅游企业诚信内

---

① 俞静. 关于对旅行社进行信誉评级的思考[J]. 旅游学刊，1996（5）：7~10.

涵进行了多维度解析。张欣建、吴国清（2006）认为，旅游诚信从社会学角度来看是旅游业作为行业主体在实践中"践行"权利与责任的状态、履约程度；从伦理学角度来看是一种道德人格和自律机制，是社会组织、民众及媒体等对其行为表现的主观评价和判断[1]。旅游诚信不仅是一种道德规范，同时是社会问题，且旅游企业是诚信行为的主体。邓建、任文举（2009）探讨了旅游企业诚信的概念维度，认为旅游诚信是旅游企业在开展生产经营及其他相关旅游活动时，对相关各方即利益相关者的信诺守行，它是由企业的经济信用、经营管理、社会信用、人力资源信用、成长能力及发展前景这些方面共同组成[2]。刘雷、吴国泉（2008）认为旅游企业作为旅游活动的重要主体，企业信用是指社会对旅游企业履行符合当事人利益的承诺的可能性的稳定预期，它取决于企业的履约能力和履约意愿[3]。诚信和信用在本质上是两个不同的概念，企业信用的实现不仅取决于是否具有履约意愿和履约能力，最终的落脚点始终在于最实际的诚信行为。颜澄（2010）对旅游企业诚信的概念作了比较完整的界定，认为旅游企业诚信是指旅游企业作为经济主体，为达到经营目的而在旅游经营活动过程中既不自欺，也不欺他的理念和行为[4]。

从以上回顾可以看出，学术界对于旅游企业诚信的概念界定主要从经济、社会、伦理等角度进行，随着社会经济的不断发展，经济学、社会学、伦理学视角下的旅游企业诚信概念的界定也逐步呈现融合的趋势。张元萍（2002）认为信用的发展趋势是：社会、经济、哲学等方面日益结合，倡导宽口径大交叉，将信用和文化、信用和法律、信用和道德联系起来综合考虑，在更大的范围内建立科学价值体系[5]。

二、概念研究的提出

目前，旅游业中的企业诚信问题已经成为制约旅游企业可持续、规模化、国际化发展的重要因素，对旅游企业诚信的深入研究成为一项非常紧迫的研究课题。而对旅游企业诚信问题研究的逻辑基础是对其概念及其实现机理的界定。

从以上文献的梳理中可以看出，学者们从多学科的视角对诚信的概念及维度进行了探讨。这些研究为我们探讨旅游企业诚信的概念和内涵提供了坚实的理论基础，但是对于如何将诚信的概念科学地延伸到企业特别是旅游企业中来还缺乏直接的借鉴意义。现有关于旅游企业诚信概念、内涵和维度等的相关研究，仍处于比较表层和粗浅的阶段，多为诚信概念在旅游企业中的直接照搬和应用，忽视了旅游企业诚信是如何通过不同的利益相关者来实现的，更忽视了旅游企业诚信的特殊性。

因此，本研究将采用扎根理论质性研究方法，通过对旅游企业利益相关者的访谈，以及对访谈所得到的最原始数据进行层层编码，发现旅游企业诚信的构成维度及实现

---

[1] 张欣建，吴国清. 城市旅游诚信体系及保障措施探讨[J]. 北京第二外国语学报（旅游版），2006（5）：16~22.
[2] 邓健，任文举. 诚信旅游企业测评体系研究[J]. 学术论丛，2009（1）：122~123.
[3] 刘雷，吴国泉. 论旅游企业诚信[J]. 广西青年干部学院学报，2008，18（4）：70~72.
[4] 颜澄. 旅游企业诚信评价体系的构建[J]. 现代营销（学苑版），2010（11）：48~49.
[5] 张元萍. 中国信用理论与信用风险防范高级研讨会综述[J]. 经济学动态，2002（9）：51~54.

机理，为后续旅游企业诚信评价体系的研究夯实基础。

第二节 旅游企业诚信质性研究

一、研究方法与研究设计

研究方法奠定了整个研究的基础，采用适当的研究方法能够促进研究的有效进行以及数据资料的搜集。本研究对旅游企业诚信概念的探究，从研究内容和研究现状的角度出发，采用了扎根理论质化研究方法。

（一）研究方法

扎根理论质化研究方法指扎根理论（Grounded Theory），是 1967 年由社会学家格拉泽和施特劳斯（Glaser & Strauss）首先提出的一种质化研究方法，其不受时间、地点、任务的限制，是带着研究问题从实际观察入手，从经验资料中自下而上的总结归纳相关概念与范畴，然后上升到实质理论的一种探索性研究技术[①]。格拉泽（Glaser, 2001）指出，扎根理论是提出一个自然呈现的、概念化的和互相结合的、由范畴及其特征所组成的行为模式,形成这样围绕着一个中心范畴的扎根理论的目标既不是描述，也不是验证，它的目的在于形成新的概念和理论[②]。

在使用扎根理论的质性研究方法时，研究者要摈弃个人旧观念，从基础资料出发，而基础资料需要以一定的经验事实作为依据。扎根理论的核心在于对资料的搜集与分析，通过对资料和理论的对比分析提炼出有关的类属，它与实证研究这种自上而下的演绎形式形成了互补。扎根理论对资料的分析和归类被称为编码，编码是将搜集到的资料打碎、整理和重组，从而挖掘概念、提炼范畴的过程，包含开放性编码、主轴编码和选择性编码三个过程。

扎根理论主要的使用情境有"横向理论建构"和"纵向理论建构"。所谓横向理论建构通常是探讨组织管理领域未完全明确或未得到广泛认同的概念的内涵与外延；纵向理论建构是对组织事件发展和组织事件之间的因果关系的研究。在第二章文献综述的基础上可以发现，目前国内外关于诚信问题在旅游领域的研究较少，学术界并没有权威的研究成果。因此，扎根理论不失为本研究最合适的研究方法。本研究属于扎根理论的"横向理论构建"，是对旅游业中未完全明确或未得到广泛认同的旅游企业诚信的内涵及外延进行探讨。

---

① Strauss A.L., Corbin J. M. Basics of Qualitative Research: Grounded Theory Procedures and Techniques[J]. Newbury Park: Sage, 1990: 272.
② Barney G. Glaser.The Grounded Theory Perspective: Conceptualization Contrasted With Description.[M]. 2001.

（二）研究设计

本研究采用扎根理论的质性研究方法以探索旅游企业诚信的概念及构成维度，并构建其概念模型和实现机制。通过访谈进行一手资料的收集，在最原始的基础资料中整理发现新的概念界定。为完成对旅游企业诚信概念及构成维度的探索，按照以下研究设计进行，如图 3.1 所示。

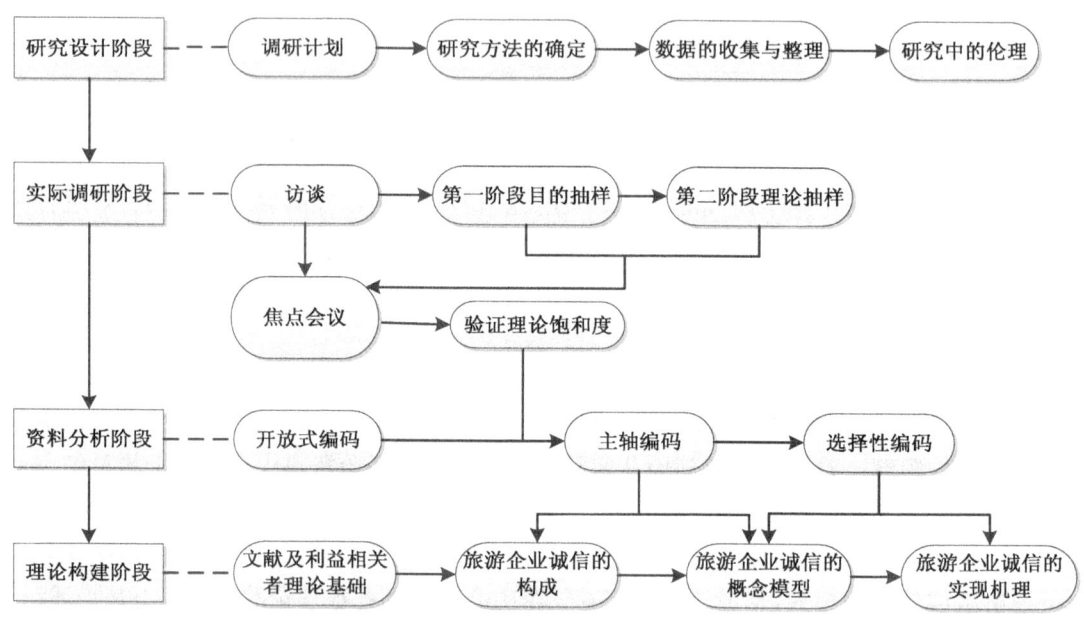

图 3.1 旅游企业诚信概念探索的研究设计及技术路线

资料来源：本研究整理。

（三）数据来源与数据收集

本研究的数据搜集强调一手资料和原始数据，因此主要运用访谈和焦点会议两种方式来收集资料。同时辅以新闻事件、旅游博客、上市公司年报等二手资料进行补充和验证。

1. 访谈

旅游企业诚信牵涉和影响到众多利益相关者，对概念的辨析也涉及众多利益相关者。本研究对访谈对象的选取，结合了目的抽样和访谈抽样两种方式，所抽选的受访者来自不同行业、不同地区。

目的抽样：研究初期，主要采用目的抽样以抽取具有代表性的样本，在样本选择的过程中，需要充分考虑到其性别、职业、地区等。通过目的抽样，本研究初期选取了 30 名访谈对象，由于一开始的访谈是完全开放式的深度访谈，因此每位受访者的时间都比较长，平均访谈时间为 45 分钟。

理论抽样：扎根理论的编码和访谈是同时进行的，在研究的过程中需要根据编码所得到的信息调整访谈调研的重点，进而有针对性搜集所需要的资料。理论抽样是在第一阶段概念和范畴基础之上的抽样调查，主要是根据第一阶段编码所得到的范畴选择后续访谈所需样本，对样本继续进行访谈和编码，直到所有范畴都达到理论饱和为止。本阶段抽取了 12 名访谈对象，平均访谈时间为 30 分钟。

结合目的抽样和理论抽样，本研究共选取了 42 名访谈对象，分别来自不同的行业，包括旅游者、来自科研单位和高校的旅游管理专家、旅游质量监管部门的工作人员、旅游企业中高层管理者、旅游企业基层员工五类人群。他们都与旅游企业诚信有着直接和间接的关系，对于旅游企业诚信能够提出丰富、新颖及专业的看法，访谈样本基本信息如表 3.1 所示。

表 3.1 访谈样本基本信息

项目	属性	人数（人）	百分比（%）
性别	男	19	45.24
	女	23	54.76
职业	旅游者	6	14.29
	旅游者科研单位和高校旅游管理专家	10	23.81
	旅游质量监管部门工作人员	5	11.90
	旅游企业中高层管理者	12	28.57
	旅游企业基层员工	9	21.43
教育背景	本科以下	11	26.19
	本科	16	38.10
	研究生及以上	15	35.71

资料来源：本研究整理。

为了保证访谈的顺利进行，在访谈前几天研究人员先预约受访者告知其访谈背景和主题，以便其稍做准备，正式访谈时针对不同的受访群体采用不同的访谈策略。在开放式访谈过程中，以聊天的方式进行对话，希望受访者提出个人观点并一起探讨。访谈内容主要围绕五个话题展开：(1) 引导受访者回忆其经历过的旅游诚信或不诚信事件，例如一位女性受访者谈到春节期间在云南跟团游时，旅行社未按照合同约定擅自带游客进购物店购买珠宝，并遭遇假货，使其对整个旅行社行业产生质疑，表示以后尽量不会再跟团旅游。(2) 旅游企业诚信的内涵、包含的内容及所具有的特点。(3) 不同类型的旅游企业诚信的共同与不同之处，以及影响企业诚信的因素。(4) 旅游企业经营过程所涉及的利益相关者，旅游企业如何做才是诚信，才能达到他们的满意度。(5) 哪些主体应该从哪些方面着手对旅游企业诚信进行管理与监督。访谈最后向受访者反馈总结的访谈内容，以进一步进行补充和修正。

2. 焦点会议

访谈分为两个阶段进行，每一批访谈结束及质性研究分析过程结束后，均辅以一次焦点会议。第一次焦点会议于目的抽样结束后召开，由三位旅游者、三位企业家和六位专家共同参与，对本研究的总体方向进行把脉，并对旅游企业诚信的内涵、构成维度、影响因素与利益相关者等问题进行深层探讨，以进一步发现和补充概念；第二次焦点会议于访谈全部结束后召开，由两位旅游局领导、两位企业家和五位专家共同参与，对理论模型是否饱和及其合理性进行验证。作为决定何时停止抽样访谈的鉴定标准，理论性饱和是指不可以获取额外数据以使研究者进一步发展某一个范畴特征的时刻。

焦点会议以半结构化方式展开，首先由会议主持人对会议背景和内容进行介绍，然后对各项问题逐一进行自由发言和讨论，直至最后对各项问题达成一致意见。

（四）研究的信度和效度

信度（Reliability）是指结果的可靠性和一致性。扎根理论的质性研究方法从开始出现就备受学术界的争议，部分学者认为质性研究方法的样本数量太少、主观性影响大、研究缺乏代表性等。因此，陈向明（1999）提出，在定性的研究中，定量研究层面的"信度"这一概念不符合定性研究的实际工作情况，其对于定性研究没有任何使用意义[①]。对此，为了使研究具有可重复性，定性研究的研究人员需要详细记录各项原始数据，保证后续的研究者能够对研究的整个过程及结果进行验证。麦克斯韦（Maxwell，1992）指出，质性研究中的效度有五种类型，即描述型、解释型、理论型、推论型和评价型[②]，如表3.2所示。

表3.2　麦克斯韦质性研究的效度

类型	涵义
描述型效度	对外对可观察到的现象或事物进行描述的准确程度；所描述的事物或现象必须是具体的，可见、可闻的
解释型效度	研究者了解、理解和表达被研究者对事物所赋予的意义的"确切"程度；研究者必须站在被研究者的角度
理论型效度	研究所依据的理论以及从研究结果中建立起来的理论（概念与概念间的关系）是否真实地反映了所研究的现象
推论型效度	研究的结果代表了本样本的情况，可以在本样本所包含的时空范围的内部和样本范围之外的同类事物推论
评价型效度	研究者对研究结果所作的价值判断是否确切；出于自己的生活经验和价值观念，对现象有"前设"或"倾见"

资料来源：已有文献的研究整理[③]。

[①] 陈向明. 扎根理论的思路和方法[J]. 教育研究与实验，1999（4）：58～63.
[②] Maxwell J. A. Understanding and Validity in Qualitative Research [J]. Harvard Educational Review, 1992, 62(3): 279-300.
[③] 李中. 精益服务模式的概念性框架研究[D]. 天津：南开大学，2010.

对于定性研究的效度，我们通常又可以分为外部效度（Generalizability）和内部效度（Validity）来进行讨论。由于本研究过程采取的是目的抽样及理论抽样方法，不同于定量研究的随机抽样方法能够使得研究结果推广到类似的情景或者环境中。对于定性研究来说，对某一社会现象的研究越深入细致，就越具备一般性，能获得其外部效度。而内部效度则是研究人员对于研究客体（在本研究中指旅游企业）认知的有效性，通过"真实性"与"可靠性"来表现。在本研究中，为了提高研究的信度和效度，主要从以下几个方面做准备：

一方面，在数据的收集过程中，保证数据来源的多元化。研究人员将不仅通过大范围的访谈以及焦点会议来收集数据，更通过新闻事件、旅游博客、上市公司年报、文献等多种渠道收集研究所需要的数据，并通过反复的比较、及时与受访者沟通反馈等方法，以保证本研究的内部效度。

另一方面，如赫拉克利特所说：人不可能两次踏入同一条河流，我们也不可能让一件事情两次以同样的方式发生。由于研究者的个人偏好、对现象的认知等无可避免地会存在差异，对研究产生一定的影响。为了保证本研究的信度，对于研究所搜集的问卷、访谈内容、研究过程等进行详细的记载，可以为后来者提供详细的信息和重复验证的基础。

（五）研究伦理

由于本研究会涉及个人的隐私信息以及相关的经历，因此，在研究中将充分地尊重受访者的意愿和要求，遵从社会研究的伦理规定。具体表现在：

首先，在进行访谈以及焦点会议时，及时将访谈和讨论的时间及主要内容提纲提前提供给受访者，受访者可根据自己的意愿对不愿意回答的问题予以拒绝，工作人员保证不予追问。受访者可以以任何理由拒绝接受访谈或者焦点会议，充分保证自愿参与的原则。

其次，在访谈过程中，录音应在征询受访者同意的前提下进行，并且受访者可以选择删除某段其不想被列入研究的回答或者录音对话。在访谈过程中，保证遵从受访者意愿，保证其没有任何心理负担和压力。

最后，关于受访者的个人信息不出现在研究过程中，访谈内容均通过编码进行记录呈现，充分保护受访者的个人信息和隐私。

二、质性研究分析过程

扎根理论对资料的分析要遵守严格的过程，通过开放式编码、选择性编码和主轴编码最终完成对原始资料自下而上的归纳整理。本研究对扎根理论的运用过程进行了详尽的解释，从而保证最终分析结果的来源具有可靠性。

（一）开放性编码（一级编码）

开放性编码是一个资料收集与分析的过程，通过发现概念与范畴并予以命名来正确反映资料内容。在进行开放性编码的过程中，研究者必须将个人的"偏见"和"定见"去除，用最原始的形式对访谈及焦点会议收集到的数据进行整理。另外，在进行开放性编码的过程中，首先通过对原始资料的整理提炼出"概念"，并进一步进行归纳并以"范畴"的形式进行呈现。陈向明(2000)认为这一阶段,研究者主要关心的不是手头资料里有什么概念,而是这些概念可以如何使探索进一步深入下去[①]。

在本研究中,为确保编码结果的可靠性与有效性,本研究的访谈与开放性编码同步进行,每次访谈结束后即开始对资料进行整理与编码,直至编码结束,才开始下一次访谈。开放性编码过程中共得到142个概念,通过剔除无效与重复概念后,共获得97个有效概念和27个范畴。为说明开放性编码过程,部分资料的编码举例如图3.2所示。最终本研究挖掘出的27个范畴(AA1~AA27)分别为:管理制度系统性、管理制度可行性、管理制度执行程度、资本结构、偿债能力、投融资能力、合同签订、合同内容、合同履行、依法纳税、环境保护、员工诚信意识、员工诚信观念、员工诚信能力、员工诚信行为、企业家素质、企业家声誉、企业家经营理念、下属导向、企业文化、企业等级资质、企业形象、企业声誉、诚信记录、服务补救、服务跟踪、服务创新,其中范畴内涵如图3.2所示。

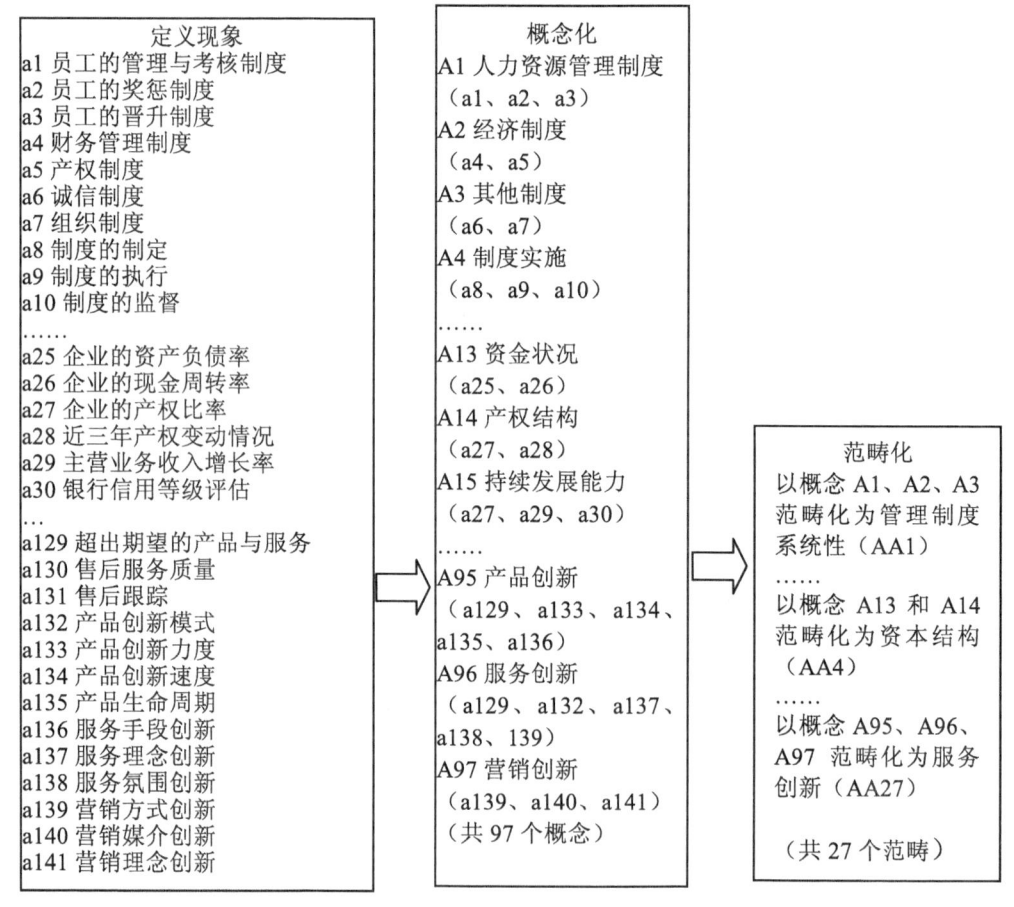

图3.2 概念化与范畴化举例分析

资料来源:本研究整理。

---

① 陈向明. 质的研究方法与社会科学研究[M]. 北京:教育科学出版社,2000.

（二）主轴编码（二级编码）

通过开放性编码发掘的范畴意义和关系仍较为广泛和模糊，而第二阶段的主轴编码则侧重于将各独立的范畴联系起来，这些关系可以是因果关系、相似关系、对等关系、时间先后关系等，发现与建立不同范畴间的潜在联结关系。在主轴译码中，研究者每一次只对一个范畴进行深度分析，围绕着这一个范畴寻找相关关系，因此称之为"主轴"。通过分析发现各范畴在概念层面上确实存在内在联系，并根据其相互关联和逻辑顺序，再次进行重新归类，共归纳出 7 个主范畴，分别为制度诚信、经济信用、合规情况、员工诚信、领导诚信、品牌信用、持续诚信。各主范畴所代表的意义及其对应的初步范畴如表 3.2 所示。

表 3.2 主轴编码形成的主范畴

主范畴	对应范畴	范畴内涵
制度诚信	管理制度系统性	企业具有一套完善全面的产权、组织、财务、人力资源等管理制度
	管理制度可行性	管理制度具有可操作性
	管理制度执行程度	管理制度的执行和实施状况
经济信用	资本结构	企业的资产负债率、现金周转率、产权比率
	偿债能力	企业及时向供应商、债权人及银行等金融机构偿债的能力
	投融资能力	企业进行持续发展的投融资能力，包括企业信贷规模、融资法律纠纷、银行信用等级评估三方面
合规情况	合同签订	企业与利益相关者依法签订合同
	合同内容	合同内容具体、真实、清晰
	合同履行	合同的履行程度
	依法纳税	企业依法纳税，没有偷税、欠税、骗税和抗税行为
	环境保护	企业经营过程中对污染进行积极预防与处理
员工诚信	员工诚信意识	员工工作中的诚信意识，如兑现承诺、不欺诈等意识
	员工诚信观念	员工个人的诚信观念
	员工诚信能力	员工素质、职业技能和自律能力等
	员工诚信行为	员工在实际工作中所表现出来的履约行为
领导诚信	企业家素质	企业家的个人素质
	企业家声誉	企业家的名声与荣誉
	企业家经营理念	企业家关于企业文化构建以及企业发展方向的理念
	下属导向	企业对员工的雇佣信用
品牌信用	企业文化	企业的宗旨、使命、目标等
	企业等级资质	企业在所在行业的等级评定中的等级以及获得的市级以上行政管理部门、单位颁发的各种资质和荣誉
	企业形象	企业在市场中的形象
	企业声誉	企业在市场中被认可和声誉状况
	诚信记录	企业在工商、税务等部门的诚信记录
持续诚信	服务补救	服务补救的意识、能力和行为
	服务跟踪	售后服务质量
	服务创新	企业在标准化经营管理基础上的创新

资料来源：本研究整理。

(三) 选择性编码 (三级编码)

主范畴归纳后需要进一步系统地处理范畴与范畴之间的联系，因此本研究采用的第三个步骤是选择性编码，即通过描述现象的"故事线"来梳理和挖掘核心范畴，把核心范畴与主范畴及其他范畴联结起来，发展出系统的理论框架。

本研究中，主范畴的故事线（典型关系结构）如表 3.3 所示。通过对开放性编码抽象出的管理制度系统性、管理制度可行性、管理制度执行程度、资本结构、偿债能力、投融资能力、合同签订、合同内容、合同履行、依法纳税、环境保护、员工诚信意识、员工诚信观念、员工诚信能力、员工诚信行为、企业家素质、企业家声誉、企业家经营理念、下属导向、企业文化、企业等级资质、企业形象、企业声誉、诚信记录、服务补救、服务跟踪、服务创新等 27 个范畴的继续剖析和制度诚信、经济信用、合规情况、员工诚信、领导诚信、品牌信用、持续诚信等 7 个主范畴的深入分析，在与原始资料比较的基础上，本研究提炼出"旅游企业诚信概念与维度"这一核心概念。围绕这一核心概念，故事线概括为：旅游企业诚信由规范诚信、能力诚信和情感诚信三个维度共同构成，其中规范诚信是旅游企业诚信的基础，能力诚信与情感诚信属于非规范诚信的范畴，是规范诚信的提升，三者共同影响着旅游企业对利益相关者诚信的实现。在此故事线基础上，我们将构建旅游企业诚信概念模型，以及由概念模型衍生的旅游企业诚信实现机理模型。

表 3.3 主范畴的典型关系结构

典型关系结构	关系结构的内涵	受访者的代表性语句
制度诚信（旅游企业的规范诚信）	规章制度是企业行为实施的准则，是约束和激励企业各级领导和员工的意识与行为的内部规范，是可以通过明确标准进行规范与评价的规范诚信的组成部分之一	企业应当有一套完整的规章管理制度，通过这些制度来渗透它的诚信意识，除制定制度本身外，制度的可行性与执行情况也是很重要的
经济信用（旅游企业的规范诚信）	通过经济指标、偿债能力和投融资能力等反映企业的经济信用水平，是旅游企业诚信中规范诚信的重要组成部分之一，属于基础性诚信	企业的诚信可以通过它的信贷记录得到反映，比如它是否能及时偿还银行的贷款，付给供应商账款等，这些都是诚信的重要组成部分之一
合规情况（旅游企业的规范诚信）	合规情况反映旅游企业行为的合法性和行业规范的符合性，其能够明确测定，是规范旅游企业诚信状况的一种具有监督与约束效力的基础性诚信	旅游企业的诚信首要要遵守法律规范，若不按照法律要求办事，包括拟定的合同等就是无效的，更谈不上什么诚信了。当然，不同的行业也有自己的行业标准，像这种行业特征比较明显的旅游企业，可能它本身的行业规范也比较多，所以遵守行业规范也是诚信的一个重要组成部分

续表

典型关系结构	关系结构的内涵	受访者的代表性语句
员工诚信（旅游企业的能力诚信）	员工诚信是员工提供产品与服务过程中行为和表现的诚信，其易受员工自身专业技能水平和心理等非理性因素的影响，并且评价标准较难统一，属于旅游企业诚信中的能力诚信	旅游企业的产品与服务都是通过员工面对面直接提供的，员工技能水平的高低、工作行为的规范性、对客人的尊重，尤其是导游人员不乱加购物点，都是一个旅游企业整体诚信氛围构建时所要考虑的因素
领导诚信（旅游企业的能力诚信）	领导诚信包括领导人的诚信经营理念、管理模式等，属于旅游企业能力诚信的范畴，其直接影响旅游企业诚信环境的建设与实现	管理和被管理就是一对矛盾体，真正懂管理的人并不多，高管的价值观、素质、理念等都会影响整个企业的文化营造
品牌信用（旅游企业的情感诚信）	品牌信用是企业文化、资质等级、形象信誉等的集中体现，其中文化因素更加难以控制，品牌的信用度是旅游企业情感诚信的重要组成部分	品牌包括企业的诚信度，比如选择旅行社，旅游者一般只选那几家规模比较大的、名声好的旅行社，图的就是放心和安全有保障
持续诚信（旅游企业的情感诚信）	持续诚信是通过服务补救、创新等塑造的顾客对企业诚信度的持久感知，是旅游企业诚信的重要特征，属于情感诚信的类别	旅游企业诚信比较独特的地方要从产品的独特性方面来考虑，它不同于制造型企业，旅游企业的顾客对诚信的感知很多时候是与自己对企业的满意度挂钩的，当然，这就要求旅游企业的服务更注重提高顾客满意度

资料来源：本研究整理。

第三节 旅游企业诚信的概念模型

一、概念模型

旅游企业诚信涉及多个利益相关者，明确旅游企业的各个利益相关者是旅游企业诚信概念研究所要解决的首要问题。参照一般企业所涉及的利益相关者，并结合旅游企业的特殊性，在已有文献研究和深度访谈的基础上，本研究首先对旅游企业诚信所涉及的利益相关者做具体界定。

第一，股东从资金链上直接对企业的生产、经营进行监控，并且是企业利润的主要分享者和风险的最大承担者。此时，股权基础上的利益相关使股东与企业的生存和发展捆绑在一起，股东也因此成为企业最重要的利益相关者之一。对旅游企业而言，在股东利益相关问题上与一般企业相比并无特殊之处。

第二，旅游业是典型的劳动密集型产业，员工是产品和服务的直接提供者，其服务能力和态度等直接影响着产品与服务的质量。此外，旅游产品生产和消费的同时性的特点决定了员工的服务水平直接反映在顾客的消费感知上，进而影响企业的经营绩效。相较于一般制造性企业，旅游企业一线员工的综合素养更直接地影响企业的竞争力和生命力。

第三，顾客作为产品价值链实现的下游，其购买能力和行为决定了企业产品价值的实现程度，是企业各种形式的生产意义之所在，二者之间存在着紧密的经济联系。旅游企业更是如此，由于旅游企业提供的是服务性产品，旅游产品价值的实现在于旅游者对于产品质量的感知和体验，旅游者的满意度关乎企业的可持续发展，因此必须高度关注顾客这一重要的利益相关者。

第四，企业产品的价值实现同时受到上游供应商的控制，旅游产品的特性决定了供应商在旅游企业中的重要性程度更高。以旅行社企业为例，作为中介性企业，旅行社"生产"产品的过程即"组合"产品的过程，它为旅游者提供的包价旅游产品中的各项服务分别来自航空公司、酒店、景区（点）、娱乐场所等企业，是旅行社的供应商，旅行社在整个产品生产过程中对供应商具有很大的依赖性。因此，对旅游企业而言，供应商作为重要的利益相关者不容忽视。

第五，旅游企业在我国属于特种经营型的行业，受政府产业政策的影响更为直接。例如，2013年国务院颁布的《国民旅游休闲纲要》将极大地推动国内休闲旅游的发展；2013年10月《中华人民共和国旅游法》的实施必将对旅游企业产生更大的影响。此外，旅游企业更是受到各级旅游主管部门的行业管理。因此政府也是旅游企业的重要利益相关者之一。

第六，旅游业的发展强调协调性与可持续性，社区作为旅游企业所在地，居民的态度、行为会影响企业的各项生产和经营；此外，旅游企业的劳动密集型特征也会在很大程度上解决社区居民的就业等问题。由此可知，股东、员工、顾客、供应商、政府以及社区是旅游企业重要的利益相关者。

本研究认为，旅游企业诚信由规范诚信、能力诚信和情感诚信三部分构成，三者之间是由低到高的层层递进关系。

首先，制度诚信、经济信用和合规情况共同构成了规范诚信的核心内容。制度是旅游企业制定的约束内部员工和各职能部门行为的规则，包含企业产权、组织、财务、人事等方面的行为规范。通过制度中有关企业诚信问题的规定以及制度本身的系统性、可执行性来约束和保障企业的诚信。经济信用主要表现为企业的资本结构、偿债能力以及投融资能力等，通过量化的指标或明确的标准进行衡量，是旅游企业诚信的基础之一。此外，企业诚信最基础的是要符合法律和行业规范。旅游企业在合同内容、签订以及履行方面的规范性和完整性、对法律规范的遵守以及对社会责任的承担，是针对不同利益相关者诚信的实现方式，是判断其行为合规情况的重要标准。访谈中，多数受访者均提到按照口头约定或合同规定的标准提供产品和服务，即兑现承诺是旅游企业诚信最基本的要求。

其次，能力诚信是旅游企业诚信实现的保障，具体的诚信行为要落实到企业相关的人或组织,即诚信的实现程度取决于旅游企业所具备的能力诚信。在本研究中,能力诚信的提出同时也参考了萨科和黑尔珀(Sako & Helper,1998)对信任维度的划分,将能力诚信定义为:标准化规范之外,受人的主观能动性影响的诚信,主要由员工诚信和领导诚信组成,二者决定了旅游企业诚信行为的实施和诚信氛围的营造[①]。其中,旅游企业的劳动密集性凸显了员工作为内部利益相关者的重要性,其诚信意愿、能力、行为等直接关系到所提供产品和服务的质量;而领导者个人的修养、经营理念以及诚信氛围的塑造是旅游企业诚信实现的重要影响因素。能力诚信是企业诚信行为得到落实的关键,是影响诚信实现程度的重要因素。

最后,情感诚信是旅游企业诚信的提升,具有不确定性和无依据性的特征。旅游行业和企业的服务性质决定了旅游企业诚信不仅停留在具体规范层面上,还包括情感层面。旅游企业的情感诚信由品牌信用和持续诚信构成,其中前者包括企业文化、企业等级资质、企业形象、企业声誉和诚信记录等要素,后者包括服务补救、服务跟踪和服务创新等要素。情感诚信是塑造企业诚信形象、带来情感认同、提升企业知名度和美誉度的关键。

旅游企业诚信的三个构成维度在整个企业诚信中扮演着不同的角色,规范诚信是所有企业共有的基础性诚信;能力诚信是企业诚信实现的保证,决定着诚信的实现程度,是旅游企业诚信的关键;情感诚信是旅游企业诚信特殊性的集中体现,是企业诚信的提升。旅游企业实现诚信的主体是旅游企业,客体是包括股东、员工、供应商等在内利益相关者。

因此,旅游企业诚信的概念可概括为是旅游企业对股东、员工、供应商、顾客、政府、社区等内、外部利益相关者履行契约、兑现承诺的实际行为,由规范诚信、能力诚信和情感诚信三个维度构成,三个维度之间是由低级到高级的层层递进关系。

本研究在明确了利益相关者以及旅游企业诚信概念的基础上,构建了旅游企业诚信的概念模型,如图3.3所示,以更好地理解旅游企业诚信的概念维度。

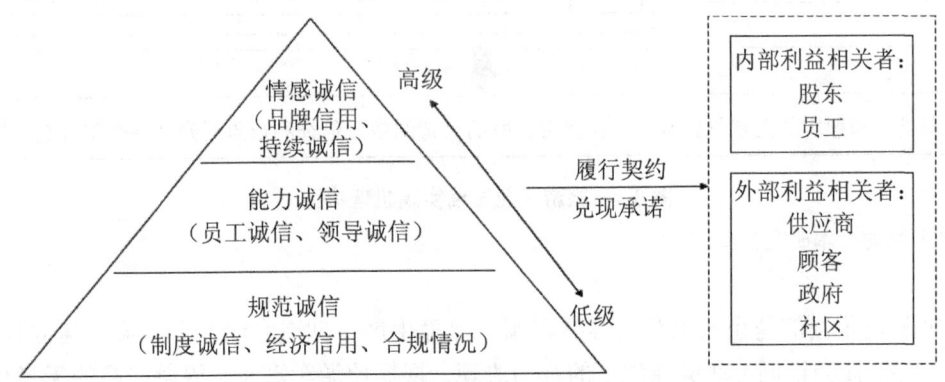

图 3.3 旅游企业诚信概念模型

资料来源:本研究整理。

---

① Sako, M., Helper, S. Determinants of Trust in Supplier Relations: Evidence from the Automotive Industry in Japan and United-States[J]. Journal of Economic Behavior and Organization,1998, 34(3): 387-417.

二、旅游企业诚信的实现机理

旅游企业诚信概念模型中涉及三个维度的诚信和六类重要的利益相关者,但是对维度和利益相关者之间的关系,即旅游企业如何针对不同的利益相关者实现诚信的问题并没有做详尽的解释。作为旅游企业诚信概念的延伸与补充,本研究对上述问题做了进一步的探究与阐释。旅游企业诚信是旅游企业对内、外部利益相关者履行契约、兑现承诺的实际行为,也是一个动态的行为过程,本研究的理论研究和实地访谈发现,旅游企业针对不同的利益相关者实现诚信的具体方式存在差异,但其内在的实现机理都遵循了"动机—认知—行为—结果"这样一种关联机制,这与心理学"刺激—反应"模型的机理相契合。本研究在相关分析的基础上,构建了旅游企业诚信实现机理模型,如图3.4所示。

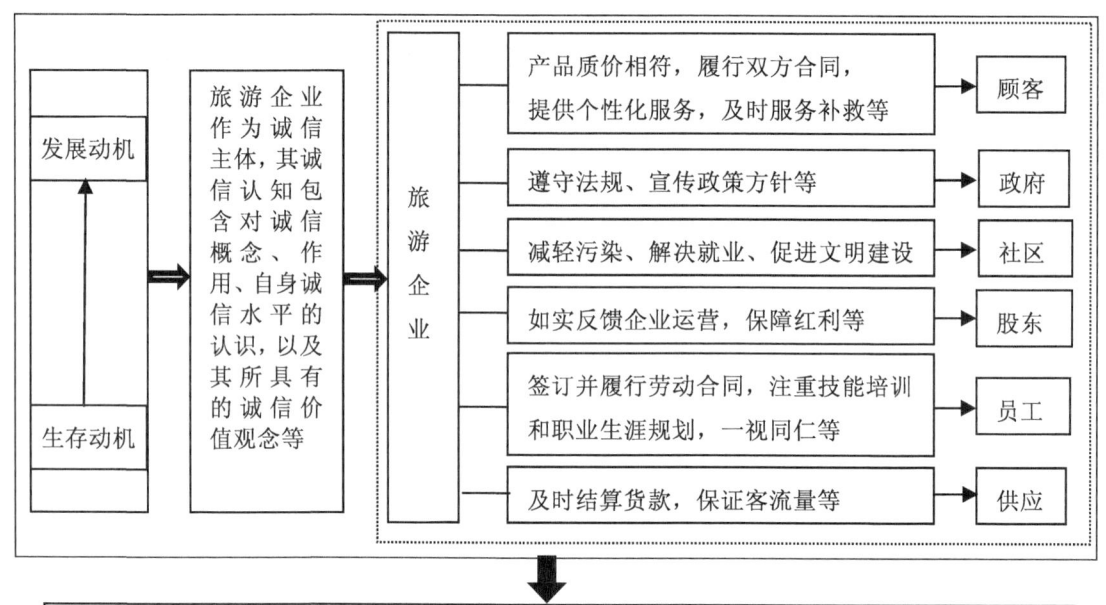

图 3.4 旅游企业诚信实现机理模型

资料来源:本研究整理。

旅游企业诚信是企业生存(维持客源、保障生产、创造利润)和发展(树立良好信誉、取得社会认同)动机催生下的行为表现。根据旅游学理论,旅游产品的无形性、生产与消费的同时性等特征决定了旅游企业诚信问题更加难以衡量和控制,以获取良好信誉和社会认同为目的的发展动机对企业的重要性更加凸显。在企业生存和发展动机的推动下,企业会对包括诚信概念、重要性程度以及当前诚信现状等问题产生认知,形成对利益相关者实现诚信的理念,以诚信观念为导向,注重对利益相关者履行诚实守信的承诺。在认知的引导与促动下，旅游企业针对不同的利益相关者实现其诚信行为，在诚信行为实现过程中，不同层面的维度也起着不同的作用。具体来说：

第一，股东作为企业所有者，控制着企业生存和发展的命脉，是利益的主要分配者和风险的主要承担者。其目标的单一性特点决定了规范诚信是旅游企业对股东要实现的最重要的诚信，如实反映经营业绩、保证股东红利等在内的诚信行为是企业诚信的主要方式。

第二，员工作为旅游企业服务的主要提供者和企业形象与品牌的传递者，关乎企业的长久发展。与员工签订劳动合同、严格按劳动合同履行承诺、按标准支付薪酬、加班报酬等是旅游企业对员工的基本诚信；除规范诚信之外的情感诚信对提高员工的企业归属感和忠诚度有着更为重要的影响，具体包括人性化管理、明确的职业生涯规划、一视同仁等情感关怀的具体行为。

第三，旅游企业对供应商具有较强的依赖性，旅游企业诚信缺失的一个重要表现就体现在与供应商之间的三角债、拖欠款和不能按质量标准提供合同规定的服务等，因此通过履行合同等方式的规范诚信是旅游企业对供应商诚信的主要方式。

第四，旅游者作为企业产品的购买者，是产品价值得以最终实现的关键。由于旅游产品生产、消费的同时性特点，使旅游者的旅游服务经历与体验、口碑宣传等对企业的生存影响深远，旅游企业应当格外重视对顾客诚信的实现方式，需要规范、能力及情感三个维度的诚信的共同作用，通过履行合同、个性化服务、情感关怀、服务补救等行为，提供高质量的旅游服务体验以获得游客的高度满意，提升旅游者对旅游企业的忠诚度。

第五，旅游企业的生存与发展同时需要对政府等行政管理部门实现诚信，主要体现在遵守法律规范、宣传和支持政府政策等方面。景区、酒店等旅游企业的发展与社区关系密切，承担了更大的社会责任。减轻环境污染和拥堵、解决社区就业、促进社区文明建设等是旅游企业实现社区诚信的主要路径。

旅游企业在经历了上述"动机—认知—行为"的过程后，最后产生了诚信实现后的结果，包括提高了企业员工和顾客的满意度与忠诚度；企业获得良好的经营绩效；信誉和形象提升，获得社会认同等，这些结果反过来又会对下一轮的诚信动机产生刺激作用，从而激发旅游企业诚信进入良性循环。

需要指出的是，本研究再次证明，规范诚信是旅游企业对所有利益相关者实现诚信的基础；能力诚信是由员工和领导主导的对外部利益相关者实现诚信的保证，同时也是诚信实现程度的重要调节因素；情感诚信作为诚信内容的升华，是旅游企业诚信的特殊性的集中体现。

旅游企业诚信概念的 7 个维度，明确了诚信的构成部分及其相互之间的关系，规范诚信为基础性维度，能力诚信是保证性维度，情感诚信为提升性维度，三个维度是由低级到高级的层层递进关系。同时，这些维度也是影响旅游企业诚信的重要因素，是旅游企业诚信建设的着眼点。尤其是旅游企业诚信实现机理模型的构建，对旅游企业具体开展诚信建设具有极强的指导意义，同时也有利于完善我国旅游企业诚信的相关理论研究。旅游企业类型的多样性也决定了未来巨大的研究空间，区分不同类型旅游企业的特性，明确其如何实现对利益相关者的诚信，如何加强自身的诚信建设具有重大的研究意义，也是课题组未来继续研究的重要方向。

第四节　本章小结

基于前人关于旅游企业诚信概念的研究，采用扎根理论质性研究的方法，从利益相关者理论出发，通过第一阶段基于目的抽样对30名受访者的访谈，第二阶段基于理论抽样对12名受访者的访谈，以及焦点会议的讨论，对收集到的原始数据进行开放性编码、主轴编码及选择性编码，最终得到"旅游企业诚信概念与维度"的核心范畴，发现旅游企业诚信的三个基本维度，即规范诚信、能力诚信和情感诚信，并对三者之间的关系进行了深入的探讨，归纳总结出旅游企业诚信的概念模型和实现机理。

在整个研究过程中，为保证研究的科学性，采取了一系列的措施：

首先，为了保证研究的过程不受研究者自身想法的干预，保证原始数据的自然呈现，一方面，在研究进行之前要求研究者进行深入的理论学习，保证研究过程及内容符合相关的理论要求；另一方面，在整个研究过程中，主负责人对访谈及编码人员进行事前的简单培训，保证访谈工作人员能够以旁观者的身份对访谈内容进行记载，在编码阶段，编码人员进行试编码，主负责人从旁进行指导监督，对于出现的问题及时进行更正，编码结束后，抽取一部分编码进行检验，以保证编码的科学性。

另外，为了避免在访谈阶段工作人员受到受访者的牵引，偏离访谈的主要内容，在进行访谈时，提前设计访谈提纲，并从受访者分享自己遇到的企业不诚信的经历开始，对受访者感触较深的地方或者比较熟悉的重点进行深入的访谈。在访谈结束时告知访谈的目的，并在后续研究过程中针对不明确的内容及时与受访者进行沟通，保证原始资料真实反映受访者的观点。

第四章 旅游企业诚信评价量表开发

旅游企业诚信是一个无法直接观察和测量的潜变量,需要一些恰当的、可操作性强的显性指标加以综合测量。目前,学者们在对企业诚信评价的研究中,指标的获取多是采用通过阅读文献等简单的定性方法,不能有确凿的证据说明指标的全面性和准确性。本书在以往研究的基础上,采用德尔菲法、专家座谈法、访谈法和文献资料研究的定性方法,与问卷调查、探索性因子分析、聚类分析、验证性因子分析等定量方法相结合,对旅游企业诚信评价量表进行开发。本章研究的具体步骤如图4.1所示。

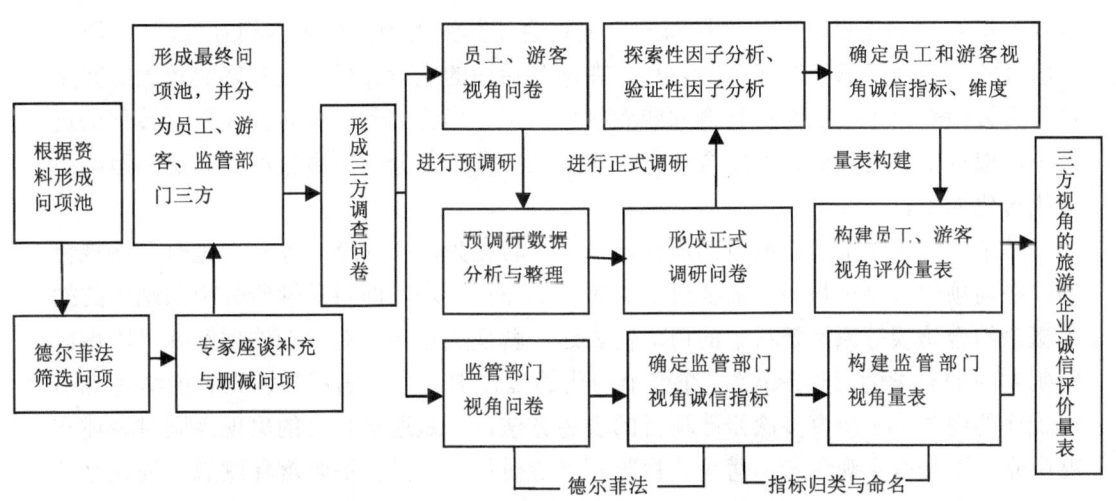

图 4.1 旅游企业诚信评价指标体系的技术路线
资料来源:本研究整理。

第一节 三方视角初步量表的形成

旅游企业诚信量表的测量指标选择与确定是一个复杂的过程,需要严谨的筛选与论证。第三章扎根理论的质性研究是一个逐级归纳的过程，从现象中归纳出概念和范畴，并构建理论，而本章则从概念和范畴中分解出问项，并通过定性与定量的研究验证，两章结合在一起恰好是将理论模型中的变量与现实中观察到的变量联系起来的过程。本章的问项池来源主要借鉴了参考文献及质性研究分析的结果。

一、问项池的形成

问项池（Item Pool）是指明确研究目的之后，实际编写出的一批与项目相关的测量问题。问项池的来源，一般是通过深度访谈、开放式问卷、二手资料分析、专家意见等方式获得，而这些正是第三章研究的内容，因此这里只需要使用前文的研究结果即可。由于问项池中的每一个问项，都是用来直接测量潜变量的显变量，因此所有问项都应与质性研究中最基础、最贴近实际现象的"概念"相对应，最终形成问项池。

将前面的质性研究结果中概念及其维度转化为问项，会发现问项池中存在项目冗杂的现象，但是这种现象的存在是很有必要的。由斯皮尔曼—布朗预测函数可知，在其他条件相同的情况下，信度系数是项目个数的函数。德维利斯（2010）认为多项目以及看似冗余的项目，通过项目间的叠加将会使其无关的特有内容相互抵消[①]。所以本研究的问项池可以存在冗杂的项目，在本章后面的定量分析中这些影响较大的冗杂项目会被检查出来，从而将其合并或者剔除即可。尽管如此，本研究在概念转化的过程中，根据研究的需要，适度合并了一些交叉问项，部分问项直接用更高层的范畴所替代转化而来。

其中，运用扎根理论所得的质性研究概念转化为问项的整个过程，是有严格规范的。在问项的编制过程中，需要对概念进行操作化处理，即将质性研究中归纳出的抽象概念结合访谈等原始资料中的口语化表达，转换成被调研对象准确理解并可以做出明确判断的科学的问项形式[②]。在整个转化的过程中，为了确保被调查者能清楚地明白最终的问项，本研究多次修改项目的表述方法，一是避免歧义的出现，同时表述态度中立，不带有主观色彩，避免歧视等不平等对待；二是在清晰解释意思与描述字数中找到平衡，尽量做到用最简洁明了的语句将所要表达的意思诠释出来，并保证问项质量。

二、德尔菲法筛选问项

运用质性研究的方法获取初步问项池，共包括 116 个问项。但是问项池中存在问项数量过多，且部分问项内涵相近及测量不准确，因此需要对指标进一步筛选。本研究为保证指标的有效性和指标编译的合理性，首先运用德尔菲法对指标进行筛选。德

---
① 罗伯特·F. 德维利斯. 量表编制：理论与应用（第 2 版）[M]. 重庆：重庆大学出版社，2010.
② 吕兴洋. 旅游分销渠道中旅游者权力研究[D]. 天津：南开大学，2013.

尔菲法首创于20世纪40年代，其后在质性研究中广受欢迎。匿名性是德尔菲法区别于专家座谈法等其他方法最显著的特点，能够有效避免权威威慑和主流心理等弊端，此外参与调查的专家都是相关领域的权威人士，从而保障了德尔菲法的高可靠性。

本研究的德尔菲法研究过程总共分为以下四部分：

（一）确立专家小组

专家的选择对于德尔菲法研究的成败有至关重要的作用。一般而言，所选择的专家是研究课题所涉及的相关领域专家，能确保所在领域的专业性和代表性，保证研究问题全面、科学、不偏离，同时选择的专家能在时间上给予配合，保证参与德尔菲法的各轮调查，及时反馈自己的意见。专家的数量根据研究的深度以及涉及范围而定，如果专家数量过多，会大幅地增加组织发放问卷以及回收统计的难度，也会导致整个调查过程周期过长，精力和财力负担增大，而最终结果的精准度并没有大的提高；如果专家人数过少，研究人员搜集的回馈信息有限，最终的意见趋于统一，参考价值低。综合考虑效率与质量等问题，德尔菲法的专家小组成员一般不超过20人。本研究根据自身的需要及特点，最终选择了旅游管理、管理学、政府、企业等领域的16名专家。

（二）设计并发放调查问卷

专家小组确定后，研究人员应该向所邀请的专家提出研究问题，设计研究中所需的问卷。调查问卷中首先应该包含相关研究的资料、背景介绍，使得专家们了解本次研究的目的和意义；其次应该介绍德尔菲法的流程、意义，使得专家们对其有充分的认识，知道自己的工作内容以及观点对整个研究结果的重要影响，提高专家的重视程度。特别注意的是，为保证调查的严肃性，研究小组在德尔菲法实施过程中，不能把自己的主观意见强加到专家咨询表中。本研究针对旅游企业诚信评价，设计并发放了专家打分表，请专家对问项的合理性打分，同时就问项的措辞、全面性等方面提出意见，需要剔除的问项应说明原因。

（三）回收整理调查问卷

研究小组将每位专家的调查问卷回收后，对其所提出的意见进行整理，相同的意见进行合并，有分歧尤其是分歧较大的意见汇总，作为下一轮专家调查的重点。经过第一轮的专家意见汇总，问项池中的问项基本可以保证表意清楚、措辞合理、易于理解、涵盖面全。本研究小组将第一轮的专家打分表回收整理后，修改了部分问项的表述方式，或者剔除了普遍打分较低的问项。

（四）再次发放问卷，循环往复，直至意见基本一致

本研究小组把第一轮的汇总意见再次发给各位专家，使得专家能够了解其他专家的想法与观点，在比较中调整自己的意见，修改自己的判断，这个过程中仍需保证各专家意见是匿名的。逐轮收集专家意见，再向专家反馈信息，直至各专家认为没有再需修改的意见，这是德尔菲法的重要组成部分。本研究在第二轮征集意见后，专家们基本达成了一致，符合德尔菲法的研究要求。第二轮的整个过程主要是对第一轮有争议的指标进行复议，继续合并了部分重复项目，将116个问项调整到71项，这在一定程度上降低了问项池中项目的冗杂性，便于后面大规模发放问卷。

三、专家座谈法补充、删减问项

德尔菲法筛选问项之后,为了进一步确保问项能准确、全面地测量旅游企业诚信,提高测量问项的内容效度和确定诚信的具体评价主体,本研究采用更加严谨的专家座谈法。专家座谈法是指研究需要及规定的原则,确定一些具有代表性、权威性、专业性的专家,按照一定的方式邀请他们参加座谈会议,对研究问题的本质、特征、现象、意义、未来趋势等作出解答和判断。专家座谈法的优点是各专家能实时针对彼此的意见进行交流沟通,同时研究周期短、研究成果显著。

邀请旅游企业管理领域的 3 位专家、2 位博士研究生对指标与现实吻合度及评价主体进行商议。最终通过补充、删减,得出问项共 64 项,另外基于利益相关者视角,确定选取与旅游企业密切相关的最主要利益相关者,即游客、员工、监管部门三方为评价主体,并在此基础上明确三方利益相关者视角下的问项。其中员工视角 25 个问项,游客视角 17 个问项,监管部门视角 22 个问项。

四、确定初步调查问卷

基于以上要点,本研究将之前获得的问项整理成问卷。问卷选取李克特 5 级量表(1=非常不同意,5=非常同意),编写了分别包含 25、17、22 个问项的员工、游客、监管部门三方视角的调查问卷量表。为了保证概念和范畴向问项转化过程中的准确性、精炼性,在初步问卷编制完成后交由参与质性研究中访谈与编码的人员进一步审核,对有异议的问项进行讨论和修改,以保证问卷的合理性。

第二节 员工视角的旅游企业诚信评价量表开发

本研究将针对不同利益相关者的三方问卷分别进行实地调研。其中,员工、游客视角进行预调研,对关于问项回答的难易程度、问项问法的建议进行统计,对问卷进行修改形成正式调研问卷;将正式调研的数据运用 SPSS19.0 软件进行信度及因子分析,删减影响整体信度、效度的指标,再通过聚类分析及指标重命名,确定二级、三级指标维度。通过 Mplus 和 Amos 软件的验证性因子分析验证所确定指标的信度和效度,构建基于员工、游客视角的旅游企业诚信评价量表。对监管部门视角通过德尔菲法请专家打分,并根据打分结果得出最终问项,形成三级指标,并通过参考文献、专家访谈等方式对三级指标归类、命名,形成二级指标,最终形成评价量表。最后,整合员工、游客、监管部门视角的三方评价量表,形成旅游企业诚信评价量表体系。

一、量表设计

确定评价体系的指标时需要考虑量表的选择,量表最主要的功能在于其精简资料的效率,即在概括资料的同时又不损失资料的原始信息,它能通过指标之间的结构,提供更有保证的排序。一般而言,调查问卷研究中主要有四种量表:李克特量表、鲍嘎德社会距离量表、哥特曼量表和瑟斯东量表。李克特量表是目前调查问卷中运用最多的量表,由伦西斯·李克特(Rensis Likert)发展而来的复合测量类型。艾尔·巴比(2009)指出,李克特量表试图通过在问卷调查中使用标准化的回答分类,来提高社会研究中的测量层次,并以此来决定不同项目的相对强度[①]。李克特量表最经典的形式是"非常同意""同意""不同意也不反对""不同意""非常不同意"五个等级。鲍嘎德社会距离量表是用来判断人们进入其他类型的社会关系的意愿,如果被调查者愿意接受某种强度的项目,那么他就应该愿意接受该项目之前强度更弱的所有项目,如果被调查者拒绝某个项目,那么他就会反对比此项目更具难度的项目。它的优势在于能够在确保原始信息不丢失的同时汇总多个项目。但是鲍嘎德社会距离量表并不适用于逻辑结构不明显的项目中,哥特曼量表与其类似,只适用于逻辑性强的项目中,其项目更具有极端性。而瑟斯东量表既适用于逻辑性强,又适用于逻辑性弱的项目,它一般是由10到15位经过专家确定的受访者根据关系的强弱对每个项目进行赋值,从而得到受访者对每个项目的共识,但是操作繁琐且量表需要及时更新调整。

本研究考虑到调查的主题以及调查对象的接受性,决定采用李克特量表,用不同的等级表示被调查者的感受强度。

二、量表编制

旅游业是综合性产业,旅游企业不仅包括旅行社、景区,还包括酒店、旅游购物店、旅游交通等,为了研究的简便性及严谨性,选取主要的旅游企业,即旅行社、景区和酒店作为研究对象,并试图寻找三类企业涉及诚信的共性问题进行研究。员工视角的问卷采取5级李克特量表,其中1~5,数字越大表示越同意。

本研究分别选取1家旅行社、1家景区、1家酒店共3家旅游企业进行预调研,每家企业选取包含基层员工、初级管理层、中高级管理层的10名员工,小范围地发放了30份问卷。由研究者指导填写,对填写过程中出现的问题进行说明,并了解问卷填写者的感受,根据意见进一步修改问卷的语言、问卷形式及部分题项表达,以确保被调查者能清晰、准确、独立地完成问卷的填写,最终形成正式调研问卷。

---

① 艾尔·巴比. 社会研究方法(第11版)[M]. 北京:华夏出版社,2009.

三、量表正式发放与回收

在正式调研阶段，选取了4家旅行社、3家景区、3家酒店的员工作为调研对象。研究者直接联系企业管理者以获得对调研的支持，在调查开始前，研究者与企业负责人进行讨论以确保抽样具有代表性。研究者在场亲自实施问卷调查，在调查前研究者向员工解释问卷调查的目的和内容，说明所有被调研人员均被保证他们所填数据的匿名性和保密性，此步骤是为了争取员工的配合。本研究对问卷进行现场发放、现场回收。本研究共回收411份问卷，在收回的问卷中，将随意填写、存在缺失值较多、问卷填写呈现明显规律性的（如所有题项均选择同一选项、答案成Z字形排列）等无效问卷剔除，共保留365份有效问卷，问卷回收有效率为88.8%。

有效的365份问卷中，男女比例约为2:3，其中年龄以26～35岁的人居多。员工和管理者数量相当，调查对象的79.45%都是大专或者本科毕业，样本基本信息如表4.1所示。

表4.1 员工视角调查问卷样本基本信息

指标	项目	比例（%）	人数（个）
性别	男	39.17	143
	女	60.83	222
年龄	25岁以下	24.11	88
	26～35岁	47.95	175
	36～45岁	16.71	61
	46～60岁	9.04	33
	60岁以上	2.19	8
职位	员工	45.48	166
	基层管理者	21.64	79
	中层管理者	23.84	87
	高层管理者	9.04	33
学历	初中及以下	0.27	1
	高中及中专	5.21	19
	本科及大专	79.45	290
	研究生及以上	15.07	55

资料来源：本研究整理。

四、信度检验

为了确保研究方法和结论的科学性与正确性，在进行数据分析前必须进行信度和效度检验，本研究使用 SPSS19.0 对数据完成检验。

信度检验是为了确保调查结果的一致性和稳定性的一种手段，也是检测建立的指标体系是否标准的必要检验方法之一。信度是指真实数与观测数之间方差的比值，检验指标体系的信度就是运用量化研究的方法，用一定的计算工具，检验指标体系的可靠性程度，即测量的多重一致性程度。指标体系的信度高低与指标体系的稳定性强弱密切相关，如果某指标的信度高，则它的稳定性就强；反之，如果某指标的信度低，则说明此体系的稳定性差。只有稳定、可信的数据，进行分析所得出的结论才是有效、可信的。一般地，我们主要考虑数据的内在信度，即测量问项之间是否具有较高的内在一致性。目前，广泛使用的信度检验的方法是由克朗巴哈（Cronbach）提出的 Cronbach's α 系数法。吕兴洋（2013）指出在同质性检验中，信度检验是为了比较删除该问项之后整体指标体系的信度变化情况，进而得出问项的同质性关系，如果某一个问项被删除之后使得整体指标体系的信度水平得到了明显的提高，就表明该问项与指标体系中其他问项的同质性较差，应考虑予以删除[①]。Cronbach's α 系数法是计算各个问项的得分，运用得到的方差矩阵、协方差矩阵、相关系数矩阵等矩阵判断指标体系的同质性，得出指标体系的唯一信度系数。整体指标体系的 Cronbach's α 系数越高，则表明整个指标体系的同质性越好，即内在信度也就是内在一致性越好。

一般而言，研究人员要提供分指标体系的信度系数和整体指标体系的信度系数两方面数值。Cronbach's α 系数分布在 0 和 1 之间，数值越大，表明信度越高。对于分指标体系来说，Cronbach's α 系数大于 0.7，则被认为是内部一致性较高，Cronbach's α 系数在 0.6 与 0.7 之间，被认为是内部一致性一般，如果 Cronbach's α 系数在 0.6 以下，则说明建立的指标体系内部一致性低，需要修改甚至重新制定。对于整体指标体系而言，Cronbach's α 系数最好在 0.8 以上，可接受范围是 0.7 至 0.8 之间，如果低于 0.7 则应该考虑增删问项或者重新制定指标体系。

对员工视角诚信调查问卷所得数据进行 Cronbach's α 分析，主要采用总相关系数分析（CITC，Corrected Item-Total Correlation）、项已删除的 Cronbach's α 值（Cronbach's Alpha if Item Deleted）、整体信度（Reliability Statistics）以净化测量问项，除此之外还包括"项已删除的刻度均值""项已删除的刻度方差""多元相关系数的平方"来测量指标体系下各问项的信度。其中，CITC 的值大于 0.5，保留该问项，否则删除。利用 SPSS19.0 分析后，所得结果如表 4.2、表 4.3 所示。

[①] 吕兴洋. 旅游分销渠道中旅游者权力研究[D]. 天津：南开大学，2013.

表 4.2 条目分析

	项已删除的刻度均值	项已删除的刻度方差	校正的项总计相关性	多元相关系数平方	项已删除的 Cronbach's Alpha 值
A1	62.27	140.189	.648	.667	.940
A2	62.42	140.055	.678	.712	.939
A3	62.54	139.653	.678	.673	.939
B1	62.01	141.972	.590	.774	.941
B2	61.90	143.397	.564	.766	.941
B3	62.00	141.565	.607	.754	.941
B4	61.87	142.738	.523	.440	.942
C1	62.62	139.059	.666	.571	.939
C2	62.27	139.068	.712	.696	.939
C3	62.08	139.012	.723	.740	.938
C4	62.07	138.360	.728	.697	.938
D1	62.44	135.792	.778	.711	.937
D2	62.64	135.627	.755	.812	.938
D3	62.61	135.109	.755	.817	.938
E1	62.97	136.862	.719	.620	.938
E2	62.76	139.061	.621	.509	.940
E3	62.41	140.986	.684	.556	.939
E4	62.91	139.224	.627	.592	.940

资料来源：本研究整理。

表 4.3 信度

Cronbach's α	标准化系数	条目数
.943	.943	18

资料来源：本研究整理。

18 个问项的 CITC，只有三个在 0.5 至 0.6 之间，其余的都大于 0.6，说明所有问项都符合 CITC 的要求，所以保留所有项目。同时，所有分指标体系的 Cronbach's α 系数均超过 0.9，总指标体系 α 系数也达到 0.943，且删除指标体系中的任何一个问项，α 系数都没有超过 0.943，说明所得数据信度较高，且所有问项均可保留。

五、探索性因子分析

效度是指所得数据能够正确测量所要测量问题的程度。效度越高，表示测量结果越能显示出所要测量对象的真实特征，如果数据显示效度很低，则建立的指标体系即使信度再高，对于研究的问题并没有大的意义。检验效度有内容效度、标准效度和构造效度三种方法。其中，内在效度是系统检查测量内容的适当性，标准效度是指被假定或定义为有效的测量标准，符合这种标准的测量工具可以作为某一特定现象或概念的效标，在具体测量过程中，各测量方式与效标的一致性就成为准则效度。构造效度，即结构效度，指测量工具的内容能够推论或衡量抽象概念的能力，是理论研究中最常使用的效度检验方法。

本研究所确定的条目具有较高的内容效度。本研究第三章运用扎根理论的方法，不仅归纳整理了相关领域的文献，还从访谈中抽取概念、自下而上层层编码形成了旅游企业诚信概念及其结构维度。本章结合第三章质性研究的结果与相关文献，形成了含有116个问项的问项池，已经初步保证了指标的全面性，与此同时，本研究采用德尔菲法确定16位专家筛选问项，而后采用更加严谨的专家座谈法，邀请旅游企业管理领域的3位专家、2位博士研究生对指标与现实吻合度及评价主体进行商议，补充、删减问项，为了进一步保证概念和范畴向问项转化过程中的准确性，在初步问卷编制完成后交由参与质性研究中访谈与编码的人员进一步审核，对有异议的问项进行讨论和修改。由此形成的旅游企业诚信评价指标体系，具备了良好的内容效度。

本研究使用结构效度对数据效度进行检验、分析，并利用结构效度分析中的探索性因子分析方法。首先要判断员工视角诚信调研数据是否适合因子分析，采用 KMO 检验和 Bartlett 球体检验值。其中，KMO 值越大，表明变量间的共同因素越多。KMO 值在0.9以上表示非常适合，0.8表示适合，0.7表示一般，0.6以下不合适，同时 Bartlett 球体检验显著性概率小于0.05时，变量的相关系数矩阵并不是一个特殊的单位阵，拒绝零假设，表明变量间存在相关性，适合做因子分析；如果显著性概率大于0.05，表明变量间相互独立，不适合做因子分析。

表4.4 KMO 和 Bartlett's 检验

Kaiser-Meyer-Olkin Measure of Sampling Adequacy.		.921
Bartlett's Test of Sphericity	Approx. Chi-Square	4091.16
	df	153
	Sig.	.000

资料来源：本研究整理。

运用 SPSS19.0 对正式调研数据进行 KMO 和 Bartlett 球体检验，所得结果如表4.4

所示。从表 4.4 可以看出，指标体系的 KMO 值为 0.921，大于 0.9，同时 Bartlett 球形检验的相伴概率为 0.000，说明调研数据非常适合做因子分析。

本研究主要选择因子分析中的主成分分析对问卷中员工视角的各问项进行探索性因子分析，以特征根大于 1 为因子抽取的原则，用最大方差法（Varimax Rotation）进行正交旋转，结果如表 4.5 所示。

表 4.5 解释的总变异量

成分	初始特征值			因子提取后的载荷平方			旋转提取因子的载荷平方		
	总计	方差贡献率(%)	累计（%）	总计	方差贡献率(%)	累计（%）	总计	方差贡献率(%)	累计（%）
1	9.176	50.977	50.977	9.176	50.977	50.977	4.459	24.773	24.773
2	2.020	11.223	62.200	2.020	11.223	62.200	3.281	18.227	43.000
3	1.256	6.980	69.180	1.256	6.980	69.180	3.192	17.735	60.735
4	1.034	5.745	74.925	1.034	5.745	74.925	2.554	14.191	74.925
5	.669	3.718	78.643						
6	.604	3.357	82.000						
7	.538	2.991	84.991						
8	.430	2.390	87.381						
9	.369	2.049	89.430						
10	.356	1.975	91.405						
11	.269	1.493	92.898						
12	.267	1.481	94.379						
13	.223	1.240	95.619						
14	.203	1.129	96.748						
15	.183	1.018	97.766						
16	.154	.854	98.621						
17	.140	.778	99.398						
18	.108	.602	100.000						

资料来源：本研究整理。

以特征根大于 1 为抽取因子标准，旅游企业诚信评价指标体系共提取了 4 个因子，累计解释变异量 74.9%。如表 4.6 所示，所有测量问项的方差贡献率，最低值为 0.562，其他值都大于 0.6，由因素共通性可知，说明问项对研究变量贡献大，并与研究问题关系密切。

表 4.6　共同性

条目	初始	提取	条目	初始	提取
A1	1.000	.813	C3	1.000	.814
A2	1.000	.859	C4	1.000	.778
A3	1.000	.824	D1	1.000	.732
B1	1.000	.835	D2	1.000	.799
B2	1.000	.855	D3	1.000	.798
B3	1.000	.824	E1	1.000	.678
B4	1.000	.562	E2	1.000	.613
C1	1.000	.607	E3	1.000	.606
C2	1.000	.814	E4	1.000	.676

资料来源：本研究整理。

正交旋转后的因子载荷矩阵，反应各问项对哪个因子载荷较高，并归属于载荷最高的因子，本研究中各问项在其所属因子中的载荷量都大于 0.5，说明员工视角诚信的四个因子结构效度良好，具体数值如表 4.7 所示。

表 4.7　旋转后的成分矩阵表

条目	因子			
	1	2	3	4
A1	.784			
A2	.826			
A3	.798			
B1			.863	
B2			.885	
B3			.850	
B4			.632	
C1				.611
C2				.796
C3				.798
C4				.758
D1		.629		.
D2		.781		
D3		.801		

续表

条目	因子			
	1	2	3	4
E1		.710		
E2		.729		
E3		.665		
E4		.742		

资料来源：本研究整理。

六、因子命名与解释

本研究通过质性研究获得旅游企业诚信的范畴和模型，指标探索的过程中，问项的来源也主要是质性研究的结果。探索性因子分析的过程，即在因子萃取的过程中，检验各问项实际测量的是诚信的哪一个构成维度。从表 4.7 的因子分析结果来看，因子 1 包含了 A1、A2、A3，因子 2 包含 D1、D2、D3、E1、E2、E3、E4，因子 3 包含 B1、B2、B3、B4，因子 4 包含 C1、C2、C3、C4。除了 D1～D3 和 E1～E4 合并到了一起，反映的都是旅游企业对员工的领导及管理过程注重员工的基本权益等，其他的都与预期相同。这说明旅游企业诚信问卷中的各个问项都能有效地测量出原来归属的维度，但是由于旅游企业诚信在实践中可能存在某些叠加，少量问项所归属的维度需要调整。接下来，就需要为因子 1 至因子 4 命名。

因子 1：制度诚信。包含问卷中 A1～A3 共 3 个问项，因子 1 反映的是旅游企业完善的、操作性强的并得到很好实施的制度，是旅游企业日常运营遵循的准则，对于企业诚信来说是基础性的保障，是制度方面的诚信问题。

因子 2：领导诚信。包含问卷中 D1～D3 和 E1～E4 共 7 个问项，因子 2 主要是旅游企业的管理层是否为员工着想，包括员工的基本生活需求、工作环境、职业生涯规划、自主权限以及公平对待。这部分体现的是领导对员工注重诚信的思想，也是从员工视角来看企业诚信的必然需求。因此，因子 2 指的是旅游企业对员工的领导诚信。

因子 3：劳动合同履约。包含问卷中 B1～B4 共 4 个问项，因子 3 主要反映旅游企业与依据《劳动法》与员工签订清晰、合乎法律规范的合同，并得到很好地履行。因此，因子 3 是指劳动合同的履约情况。

因子 4：诚信文化。包含问卷中 C1～C4 共 4 个问项，因子 4 包括旅游企业文化的诚信理念、诚信宗旨、对诚信行为的鼓励及诚信的考核标准，这 4 方面都是企业文化在旅游企业中的体现，所以将因子 4 命名为企业诚信文化。

七、聚类分析

在因子分析后，为简化指标体系，需要对包含问项较多的因子精炼化处理，减少问项冗余，如因子 2 领导诚信包含 7 个问项，应通过聚类减少问项数量，本研究选择减少至 5 项。

因子 2 的聚类过程中，选用系统聚类方法（Hierarchical Cluster），将 7 个问项作为变量，聚类方法选用组间联接法，度量标准选用 R 型聚类分析的 Pearson 相关性。根据结果中的近似矩阵和树状图，将相近的问项合并，如表 4.8 和图 4.2 所示。

从结果可看出，D1、D2、D3 三个问项可以聚为一类，其中 D1：发放工资坚持公平原则，D2：员工晋升机会平等，D3：对员工一视同仁，可以看出三个问项均反映企业对待员工坚持公平、公正原则，因此将三项聚合并重新命名为：所有员工受到公平、公正待遇。

表 4.8　聚类分析

Case	5 Clusters
D1	1
D2	1
D3	1
E1	2
E2	3
E3	4
E4	5

资料来源：本研究整理。

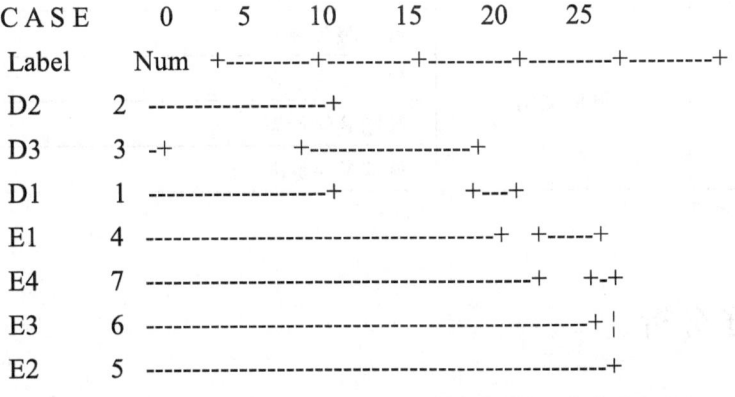

图 4.2　数据分析树状图

资料来源：本研究整理。

八、员工视角评价量表的二级、三级指标确定

经上述调查数据分析与检验,共得到 4 个因子,每个因子包含 3~5 个问项,都是经过定性、定量分析验证后的评价旅游企业诚信的变量,可以作为旅游企业诚信评价量表的指标。其中 4 个因子作为二级指标,每个因子包含的问项作为三级指标。由此,员工视角旅游企业诚信评价量表的指标体系如表 4.9 所示。

表 4.9 员工视角旅游企业诚信评价量表的指标体系

一级指标	二级指标	三级指标
员工视角	制度诚信	企业制度完善
		企业制度可操作性强
		企业制度得到很好实施
	领导诚信	所有员工受到公平、公正待遇
		为员工明确职业生涯规划
		满足员工基本生活需求
		提供良好工作环境
		员工的自主权限大
	劳动合同履约	与员工签订合同具体清晰
		与员工签订合同合法
		与员工签订合同得到很好履行
		按时发放工资
	诚信文化	诚信服务宗旨
		培训诚信理念
		鼓励诚信行为
		诚信考核标准

资料来源:本研究整理。

九、验证性因子分析

本研究根据探索性因子分析和聚类分析得到的评价指标,设计员工视角的旅游企业诚信评价量表,来验证研究所得到量表的评价指标的信度与效度,以及二级指标中各构念间的结构效度和区分效度,并通过二阶验证性因子分析来验证二级指标是否能够有效反映一级指标员工视角的旅游企业诚信,即员工视角的旅游企业诚信评价量表是否能够有效包含制度诚信、领导诚信、劳动合同履约和诚信文化四个维度。

（一）研究工具

根据探索性因子分析和聚类分析进行结构探索后所得到的 16 个指标设计问卷量表。该量表的总体信度为 0.947。本研究选取了 3 家旅行社、3 家景区、3 家酒店的员工作为调研对象。研究者直接联系企业管理者以获得对调研的支持，在调查开始前，研究者与企业负责人进行讨论以确保抽样具有代表性。研究者在场亲自实施问卷调查，在调查前研究者向员工解释问卷调查的目的和内容，说明所有被调研人员均被保证他们所填数据的匿名性和保密性，此步骤是为了争取员工的配合。本研究对问卷进行现场发放、现场回收，累计回收 257 份问卷，在收回的问卷中，将随意填写、存在缺失值较多、问卷填写呈现明显规律性的（如所有题项均选择同一选项、答案成 Z 字形排列）等无效问卷剔除，共保留 227 份有效问卷，问卷回收有效率为 88.3%。

在有效的 227 份问卷中，男女比例约为 2:1，其中年龄聚集在 35 岁以下，以 26~35 岁的人居多。员工和管理者的数量相当，调查对象高达 77.5%都是大专或者本科毕业，样本基本信息如表 4.10 所示。

表 4.10 员工视角调查问卷样本基本信息

指标	项目	比例（%）	人数（个）
性别	男	35.2	80
	女	64.8	147
年龄	25 岁以下	17.62	40
	26~35 岁	49.78	113
	36~45 岁	21.14	48
	46~60 岁	11.01	25
	60 岁以上	0.004	1
职位	员工	53.7	122
	基层管理者	18.5	42
	中层管理者	18.5	42
	高层管理者	9.3	21
学历	初中及以下	0	0
	高中及中专	4.0	9
	本科及大专	77.5	176
	研究生及以上	18.5	42

资料来源：本研究整理。

（二）信度检验

本研究还从信度系数、条目与总体相关检验以及删除该条目后信度系数的变化等三个方面对制度诚信、劳动合同履约、诚信文化、领导诚信 4 个因子指标进行了条目分析和信度分析，结果见表 4.11。

研究结果表明，制度诚信、劳动合同履约、诚信文化、领导诚信 4 个因子指标的信度系数分别为 0.920、0.902、0.915、0.914，可见各个因子内部条目的信度较好。从条目与总体的相关性来看，所有条目与总分相关性均比较高，这表明员工视角的旅游企业诚信评价量表具有较高的信度和稳定性，各指标能够有效测量其所表示的因子。

表 4.11 员工视角的旅游企业诚信评价量表的指标和信度分析

指标	信度系数	该指标与总体相关性	删除该指标的信度系数
员工视角的旅游企业诚信评价体系（f5）	0.947		
制度诚信（f1）	0.920		
q1:企业制度完善		0.691	0.891
q2:企业制度可操作性强		0.721	0.876
q3:企业制度得到很好实施		0.700	0.887
劳动合同履约（f2）	0.902		
q4:与员工签订合同具体清晰		0.737	0.860
q5:与员工签订合同合法		0.756	0.843
q6:与员工签订合同得到很好履行		0.775	0.844
q7:按时发放工资		0.796	0.833
诚信文化（f3）	0.915		
q8:诚信服务宗旨		0.755	0.818
q9:培训诚信理念		0.703	0.877
q10:鼓励诚信行为		0.743	0.876
q11:诚信考核标准		0.714	0.881
领导诚信（f4）	0.914		
q12:所有员工受到公平、公正待遇		0.602	0.895
q13:为员工明确职业生涯规划		0.685	0.885
q14:满足员工基本生活需求		0.620	0.893
q15:提供良好工作环境		0.605	0.896
q16:员工的自主权限大		0.631	0.894

资料来源：本研究整理。

（三）收敛效度

效度是指标能够测到该测验所预测的程度。根据研究目的，本研究采用建构效度来检验 4 因子的效度。建构效度可以从区别效度和收敛效度两个方面进行分析。安德森（Anderson，1988）等建议如果观测指标的因子负荷能够在其潜在因子上达到显著，且各因子的负荷量大于 0.5，则证实一阶因子模型有较好的收敛效度。由图 4.3 可知，所有的观测变量的因子负荷都能显著地反映其所要测量的构念。而且二阶因子内部的 4 个一阶因子的标准载荷系数均在 0.01 水平上显著，这说明本研究所得的 4 因子模型具有良好的收敛效度。

本研究利用所搜集的数据，用验证性因子分析检测探索性因子分析所得的 4 因子（二级指标）的结构效度，即使用 Mplus 分析软件对 4 因子（二级指标）的结构进行一阶和二阶验证性因子分析。一阶验证性因子分析的结果表明：$\chi^2 = 212.230$, df = 133, $\chi^2/df = 1.6$, CFI = 0.949, TLI = 0.938, RMSEA = 0.072，以上指标说明一阶 4 因子模型具有较高的拟合度。各测量指标（三级指标）的因子负荷量在 0.771~0.926 之间，说明探索性因子分析所确定的三级指标能够有效测量其所要测得的构念特质（二级指标）。各因子（二级指标）之间存在相对较高的相关性（相关系数在 0.511~0.808 之间，显著性都在 P<0.001），说明这 4 个因素（二级指标）间可能有着一个更高阶的共同因素（一级指标），即因子间可能存在二阶结构，如图 4.3 所示。

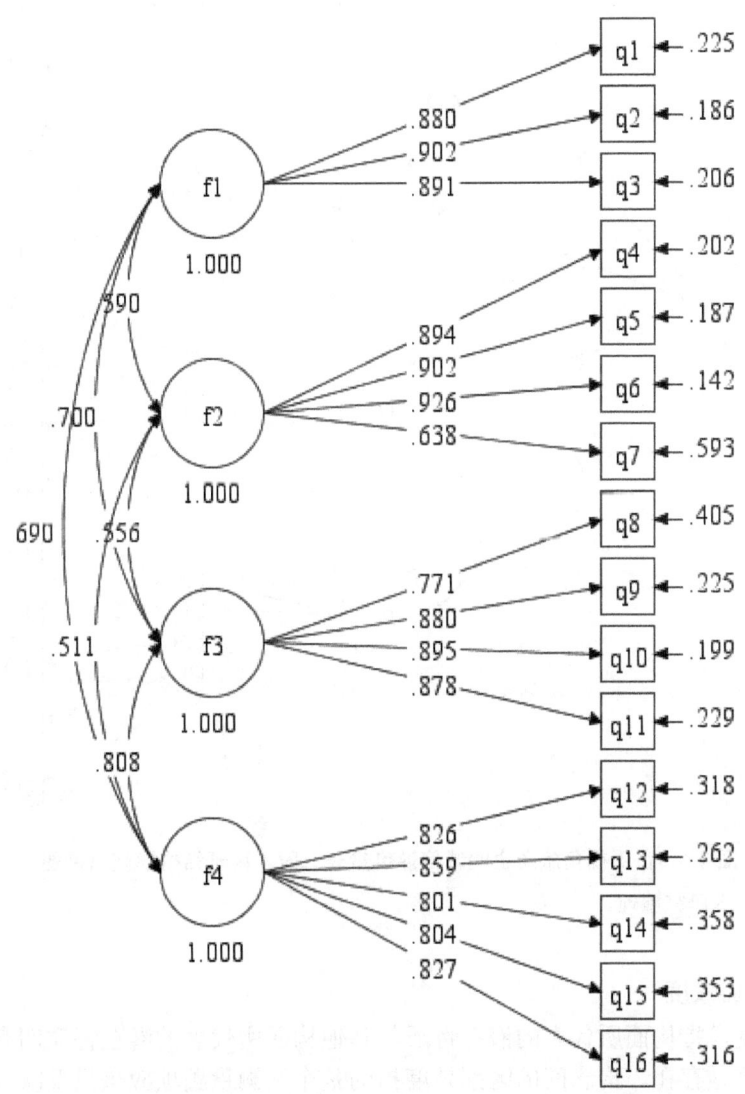

图 4.3　员工视角旅游企业诚信评价量表一阶 4 因子结构模型路径图

资料来源：本研究整理。

本研究采用验证性因子检验了 4 因子（二级指标）的二阶结构模型。结果表明：χ^2 = 217.003，df = 120，χ^2/df =1.8，CFI = 0.948，TLI = 0.937，RMSEA = 0.072，表明二阶结构模型具有较好的拟合度。4 因子（二级指标）的标准化回归系数位于 0.630～0.903 之间，显著性都在 P<0.001，如图 4.4 所示，说明员工视角的旅游企业诚信对 4 因子（二级指标）有很高的影响。4 因子能够有效测得其所要检测的构念，即 4 个二级指标能够有效反映员工视角的旅游企业诚信。

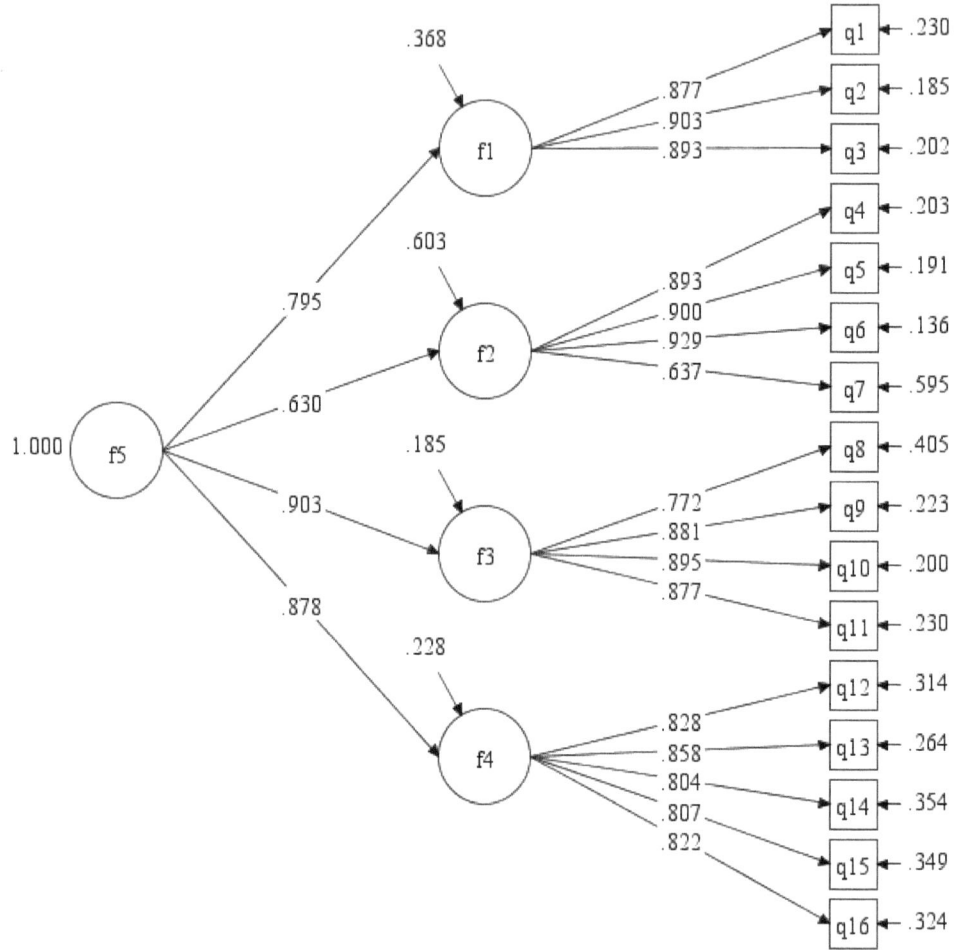

图 4.4　员工视角旅游企业诚信评价量表二阶 4 因子结构模型路径图
资料来源：本研究整理。

（四）区别效度

区别效度是指构面所代表的潜在特质与其他构面所代表的潜在特质间有低度相关或有显著的差异存在。构念间的区别效度指的是个别测量题项应该只反映一个潜在构念。研究采用卡方差异检验法来判别构念之间是否有区别效度。吴明隆（2013）指出就是利用单群组两个模型的方法，两个模型分别为未限制模型（潜在构念间的协方差不加以限制，潜在构念间的协方差为自由估计参数）与限制模型（潜在构念间的协方差限制为 1，潜在构念间的协方差为固定参数），进行两个模型的卡方值差异比较，若卡方值差异量愈大且达到显著水平（$\Delta\chi^2 > 3.84$，$P<0.05$），表示两个因素构念间的关系不是完全相关，说明两个构念间有区别效度；反之，则说明两个因素构念间的相关系数为 1，呈完全相关，两个因素构念间没有区别[1]。本研究利用 Amos 软件来分析各构念的区别效度。从表 4.12 中可以发现，各受限模型与非受限模型间的卡方差异量均大于临界因素构念的区别效度检验指标值 3.84，表示受限模型间的卡方差异量均达 0.05 显著水平，4 个因素构念间所表示的潜在特质是有显著区别的，即四个二级指标具有唯一性，只能反映其所在的维度，这说明测量模型具有良好的区别效度。

表 4.12　员工视角旅游企业诚信评价量表的区别效度检验

配对潜在变量	未受限制模型(A) 相关系数为自由估计		受限模型(B) 相关系数固定为 1		卡方值差异量 模型 B-模型 A	
	χ^2	df	χ^2	df	$\Delta\chi^2$	Δdf
制度诚信—劳动合同履约	26.880	13	61.701	14	34.821***	1
制度诚信—诚信文化	37.7	13	66.1	14	28.4***	1
制度诚信—领导诚信	50.8	19	76.9	20	26.1***	1
劳动合同履约—诚信文化	65.0	19	107.7	20	42.7***	1
劳动合同履约—领导诚信	117.6	26	157.0	27	39.4***	1
诚信文化—领导诚信	91.1	26	109.0	27	17.9***	1

注：*** 受限模型与未受限模型卡方值差异量（$\Delta\chi^2$）大于 10.827，达 0.001 显著水平。
资料来源：本研究整理。

通过以上的探索性因子分析和二阶验证性因子分析，结果表明：本研究所确定的基于员工视角的评价量表的一级指标、二级指标、三级指标具有很高的信度与效度。各指标能够有效测量其所要检测的构念。各三级指标能够有效测量二级指标，员工视角的旅游企业诚信量表是能够有效包含制度诚信、领导诚信、劳动合同履约和诚信文化四个维度。因此，本研究所开发的基于员工视角的旅游企业诚信评价量表具有较高的信度与效度，是一个准确、有效的测量工具，为后续的实证研究提供了必要的技术保障。

第三节　游客视角的旅游企业诚信评价量表开发

旅游企业是典型的服务型企业，且游客对旅游产品的满意是旅游企业的立命之本，前文基于质性研究和德尔菲法完成了指标的初步编制，并在此基础上确定了游客视角

---

[1] 吴明隆. 结构方程模型——Amos 实务进阶[M]. 重庆：重庆大学出版社，2013.

的17个指标。游客视角的指标确立将通过问卷调查法、探索性因子分析、聚类分析法、二阶验证性因子分析等得到评价体系的二级指标和三级指标,最终构建游客视角的旅游企业诚信评价量表。

一、量表编制

编制游客视角下评定旅游企业诚信的问卷。从指标到问卷,不仅要考虑编译过程的合理性,也要考虑问项内涵的可达性。李林梅(2000)指出量表的设计需要遵循简明性、一般性、可接受性、逻辑性、明确性的原则[①]。消费旅游产品的游客年龄分布广、受教育程度也不尽相同,对量表的理解程度也不同,因此在问卷设计过程中要特别注意简明性及可接受性。

为了提高量表的质量,在大范围正式调研之前,小范围发放预调研量表,主要听取答卷者的建议和意见,修改问项。预调研问卷分为三部分:开头部分、背景部分、主体部分。开头部分包括问候语、填表说明,背景部分包括性别、出生年份、客源地、受教育程度、最近一次消费的旅游企业类型,主体部分包括17个诚信评价指标选填问项和1个问卷建议问项。李克特量表可以采用3级、5级、7级,级别越高,区别度越高、效度越高,但本问卷的被调查者为游客,其学历可能并不高,如果设计成高敏感的7级量表会增加问卷的回答难度,而3级量表通常效度不好,因此最终问卷的主体部分采用李克特5级量表,1到5分别表示非常不同意、不同意、中立、同意、非常同意。

为了保证研究的内容效度,本研究邀请3位旅游企业管理领域的专家和3名旅游管理专业的博士对得到的测量题项的科学性和适用性进行更深入细致的分析。首先,邀请3位旅游企业管理领域的专家对测量题项再次甄别,提高评价指标体系的简洁性和内容效度。经过专家的多轮商讨,保留17个测量指标,同时修改个别表述不准确的评价指标。其次,邀请3名旅游管理专业的博士对评价指标的准确性、系统性和可读性修订,准确表达评价指标的含义,使游客能够更好理解测量题项并作答。本研究将筛选得到的17个指标整理成问卷形式。预调研问卷采用李克特5级量表,1到5分别代表非常不同意至非常同意。小范围的发放50份问卷,广泛征求了不同年龄层和教育背景的游客对问卷的意见及建议,并在此基础上进行修改,把语义不明的问项进行修改,以保证游客能独立确切地理解指标含义并作答,最终形成游客视角的旅游企业诚信评价的初步量表。

二、量表正式发放与回收

正式调研量表主要通过实地调研发放,即在各大景区及酒店随机拦截发放纸质问

[①] 李林梅. 试论市场调查中问卷设计的几个基本原则[J]. 统计与信息论坛,2000(2):45~47.

卷。累计回收问卷 558 份，删除无效问卷：一是有缺失项的问卷；二是问卷前后出现明显逻辑错误的问卷；三是问卷答案有明显的规律，并非认真填写的问卷，如答案全为 5 的问卷。最终得到有效问卷 430 份，问卷有效率为 71.7%。

被调查者主要来自北方城市，其中天津、河南、山西位列前三名，三者加起来总占比为 44.0%。被调查者客源地具体情况如表 4.13 和图 4.5 所示。

表 4.13　游客视角调查问卷来源地区（前十名）分析表

问卷来源地区（前十名）										
天津	河南	山西	河北	湖南	安徽	山东	湖北	北京	广东	占总体比例
92	61	36	34	32	26	22	18	16	10	80.70%

资料来源：本研究整理。

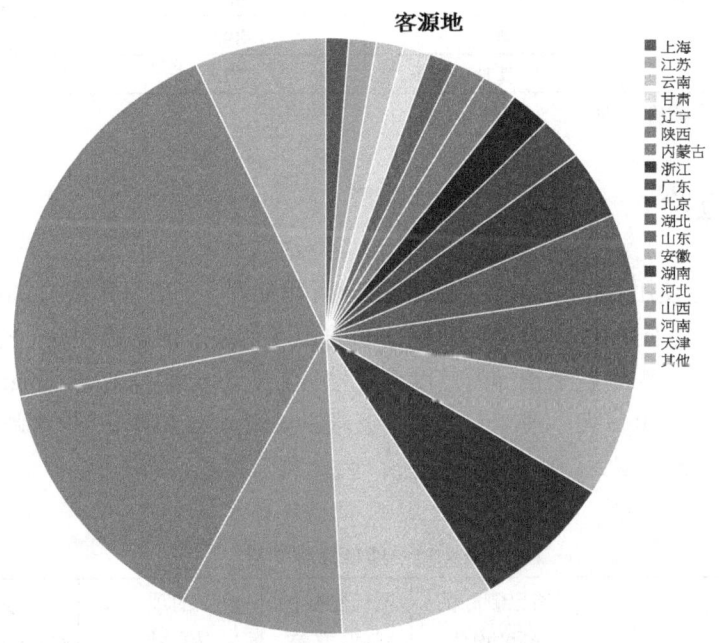

图 4.5　游客视角调查问卷来源地区（前十名）饼形图

资料来源：本研究整理。

被调查者中男性与女性人数相当，21～25 岁的年轻人占比例最高，占总体问卷的 57.7%，就受教育程度来说，超过一半的游客是本科及大专毕业。由统计看出，游客最近一次旅游消费主要集中在景区、旅行社和酒店上，其中景区所占比例最高，能达到 48.4%。调查样本具体的基本特征描述如表 4.14 所示。

表 4.14　游客视角调查问卷样本基本信息

问项	选项	人数	比例
性别	男	201	46.7%
	女	229	53.3%
年龄	20 岁及以下	66	15.3%
	21~25 岁	248	57.7%
	26~29 岁	61	14.2%
	30~39 岁	33	7.7%
	40 岁及以上	22	5.1%
受教育程度	初中及以下	10	2.3%
	高中及中专	56	13.0%
	本科及大专	262	61.0%
	研究生及以上	102	23.7%
最近一次消费的旅游企业类型	景区	208	48.4%
	旅行社	96	22.3%
	酒店	89	20.7
	其他	37	8.6%

资料来源：本研究整理。

三、信度检验

此部分依然使用 SPSS19.0 对数据进行分析和处理。总指标体系的 Cronbach's α 系数值为 0.941，大于 0.8，说明整体指标体系的信度很高。信度检验的一个手段是检查相应问项删除后，观察整个指标的信度变化情况，若项已删除的 Cronbach's α 值比原指标体系的整体信度值大，则应考虑删除该项。如表 4.15 所示，"价格歧视"删除后，Cronbach's α 系数值变大，整体信度提升，因此删除该项。

表 4.15　项总计统计量

	项已删除的刻度均值	项已删除的刻度方差	校正的项总计相关性	项已删除的 Cronbach's Alpha 值
宣传信息真实	57.63	136.093	.606	.939
价格歧视	57.57	136.321	.478	.942
明确消费项目	57.60	134.049	.637	.938
明确自费项目	57.59	132.891	.632	.939
企业服务不违法	57.33	132.955	.690	.937
价格合理	57.71	134.126	.681	.937
企业安全提醒	57.47	134.819	.632	.938
企业关心顾客利益	58.09	133.142	.679	.937
选择该企业正确	57.71	131.419	.765	.936

续表

	项已删除的刻度均值	项已删除的刻度方差	校正的项总计相关性	项已删除的Cronbach's Alpha 值
企业提供的产品及服务好	57.68	131.873	.789	.935
企业未来发展会很好	57.58	132.049	.735	.936
员工为人诚恳	57.47	133.592	.715	.937
员工不欺诈游客	57.53	130.949	.755	.936
员工服务态度好	57.45	133.511	.702	.937
员工不索要小费	57.07	134.475	.652	.938
企业及时处理问题	57.62	133.644	.677	.938
顾客对企业的补救满意	57.80	132.784	.676	.938

资料来源：本研究整理。

四、探索性因子分析

为了提取二级指标，运用主成分分析和因子分析对16项指标进行降维处理。因子分析之前先进行 Bartlett 球形检验，结果如表 4.16 所示，显著性为 0.000，KMO 值为 0.947，大于 0.90，表示问项变量间的关系是极佳的，问项变量间非常适合进行因子分析。公因子方差提取结果如表 4.17 所示，除了"宣传信息"的数值是 0.495，接近 0.5，其他的问项都大于 0.5，说明问项对研究变量贡献大，并与研究问题联系紧密。

表 4.16 KMO 和 Bartlett 球形检验结果

Kaiser-Meyer-Olkin Measure of Sampling Adequacy.		.947
Bartlett's Test of Sphericity	Approx. Chi-Square	4319.79
	df	120
	Sig.	.000

资料来源：本研究整理。

表 4.17 共同性

	初始	提取
宣传信息真实	1.000	.495
明确消费项目	1.000	.734
明确自费项目	1.000	.737
明确优惠活动	1.000	.671
价格合理	1.000	.610
企业安全提醒	1.000	.497
企业关心顾客利益	1.000	.660
选择该企业正确	1.000	.715

续表

	初始	提取
企业提供的产品及服务好	1.000	.762
企业未来发展会很好	1.000	.671
员工为人诚恳	1.000	.727
员工不欺诈游客	1.000	.722
员工服务态度好	1.000	.767
员工不索要小费	1.000	.676
企业及时处理问题	1.000	.560
顾客对企业的补救满意	1.000	.574

提取方法：主成分分析。

资料来源：本研究整理。

选择主成分分析法对16个问项进行探索性因子分析，本研究表明当问项数量介于10～40之间，可以使用特征值大于1的方法萃取因子。本研究中特征根大于1的因子有两个，如表4.18所示。前五个成分特征根分别为8.626、1.084、0.869、0.755、0.639，第三个因子为第二个拐点，往后越来越平滑，并且选取三个因子的累积贡献率为66.1%，结果更好，因此选取三个因子。

表4.18 解释总变异量

成分	初始特征值			成分	初始特征值		
	合计	方差的 %	累积 %		合计	方差的 %	累积 %
1	8.626	53.911	53.911	9	.436	2.725	87.123
2	1.084	6.774	60.685	10	.423	2.644	89.768
3	.869	5.430	66.114	11	.329	2.056	91.823
4	.755	4.717	70.831	12	.315	1.970	93.794
5	.639	3.994	74.825	13	.281	1.759	95.553
6	.575	3.592	78.418	14	.262	1.639	97.192
7	.495	3.094	81.512	15	.237	1.481	98.673
8	.462	2.887	84.398	16	.212	1.327	100.000

提取方法：主成分分析。

资料来源：本研究整理。

选用最大方差法进行正交旋转，旋转之后的成分矩阵如表4.19，因子1包含问项Q5～Q10、Q15、Q16，因子2包含问项Q11～Q14，因子3包含问项Q1～Q4。所有条目的因素负荷量都在0.5以上，表明共同因素对题项具有很高的解释量，所提取的因素具有很高的共同性。

表 4.19 旋转后的成分矩阵表

序号	条目	因子 1	因子 2	因子 3
Q1	宣传信息真实			.580
Q2	明确消费项目			.794
Q3	明确自费项目			.799
Q4	明确优惠活动			.688
Q5	价格合理	.666		
Q6	企业安全提醒	.527		
Q7	企业关心顾客利益	.753		
Q8	选择该企业正确	.725		
Q9	企业提供的产品及服务好	.758		
Q10	企业未来发展会很好	.706		
Q11	员工工作诚恳		.728	
Q12	员工不欺诈游客		.658	
Q13	员工服务态度好		.773	
Q14	员工不索要消费		.717	
Q15	企业及时处理问题	.559		
Q16	顾客对企业的补救满意	.631		

资料来源：本研究整理。

五、因子命名与解释

第三章基于扎根理论的质性研究中探索了旅游企业诚信的内涵及结构维度模型，但模型中的各要素都是通过研究者认为归纳所得，不免会有主观因素的影响。因子分析的过程则从侧面检验了问项实际测量的维度。游客方的 3 个因子分别来源于旅游企业诚信结构维度的"品牌信用""员工诚信""信息宣传合规"。

因子 1：品牌信用。包括问项 Q5~Q10、Q15、Q16。质性研究中"品牌信用"被理解为企业文化、资质等级、形象信誉的集中体现，是旅游企业情感诚信的重要组成部分。游客视角的"品牌信用"是从游客感知角度出发，对旅游企业的情感评价。其中 Q5~Q10 反映了旅游企业对游客切身利益的关心及游客对此的情感态度，包括对旅游企业提供的服务产品的满意度和认可度，以及对旅游企业的情感信任。Q15、Q16 所反映的是游客对旅游企业服务补救行为的感知。旅游企业发生服务失误后，会有服务补救的行为，例如旅行社如因不可抗力导致游客住宿标准降低，一般会在后续的行程中增加免费的游玩项目或升级某些服务。考虑到大多数填写问卷的游客可能并没有经历过服务补救，因此填写该类问项多是根据对旅游企业的情感满意做出的回答，因此 Q15、Q16 通过因子分析归类到"品牌诚信"维度，而这并不能代表旅游企业进行服务补救的实际情况，因此删除 Q15、Q16。最终品牌信用维度包含 Q5~Q10。

因子 2：员工诚信。包括问项 Q11~Q14。质性研究中"员工诚信"被理解为旅游企业员工在提供产品与服务过程中的行为和表现，容易受员工自身心理因素及专业技能水平等因素的影响。游客在接触旅游企业员工时,能直观评价员工自身品德、服务水平、诚信行为等。因此,因子"员工诚信"为旅游企业员工正直真诚、诚信对待游客。

因子3:信息宣传合规。包括问项Q1~Q4。质性研究中"合规情况"被解释为旅游企业行为的合法性和行业规范的合乎性,是规范旅游企业诚信状况的一种具有监督与约束效力的基础性诚信。游客视角的"信息宣传合规"是"合规情况"的一方面。游客在消费旅游服务产品时,接触到的不诚信行为更多的是旅游企业宣传信息与实际履行不符的情况。旅游企业不仅要保证宣传信息的真实性,也要明确旅游产品所含消费项目及自费项目,并且需要明确说明优惠活动,不附隐性条件,对符合优惠条件的到店消费游客明确告知。游客并非在消费所有旅游产品时均明确签订合同,如酒店、景区,因此合同合规并不予以测量。最终,游客视角的合规情况命名为"信息宣传合规"。

六、变量聚类分析

经过因子分析,获得的因子中"品牌信用"包含的问项数目较多,有必要对问项进行进一步的筛选和化简,减少冗余。使用变量聚类(R型聚类)进行分析,选用系统聚类方法,将因子内的问项作为变量,聚类方法选择组间联接法,度量标准选用Pearson相关性。根据聚类结果中的树状图(如图4.6),选定群集为3至5个所得的结果表(如表4.20)进行权衡。

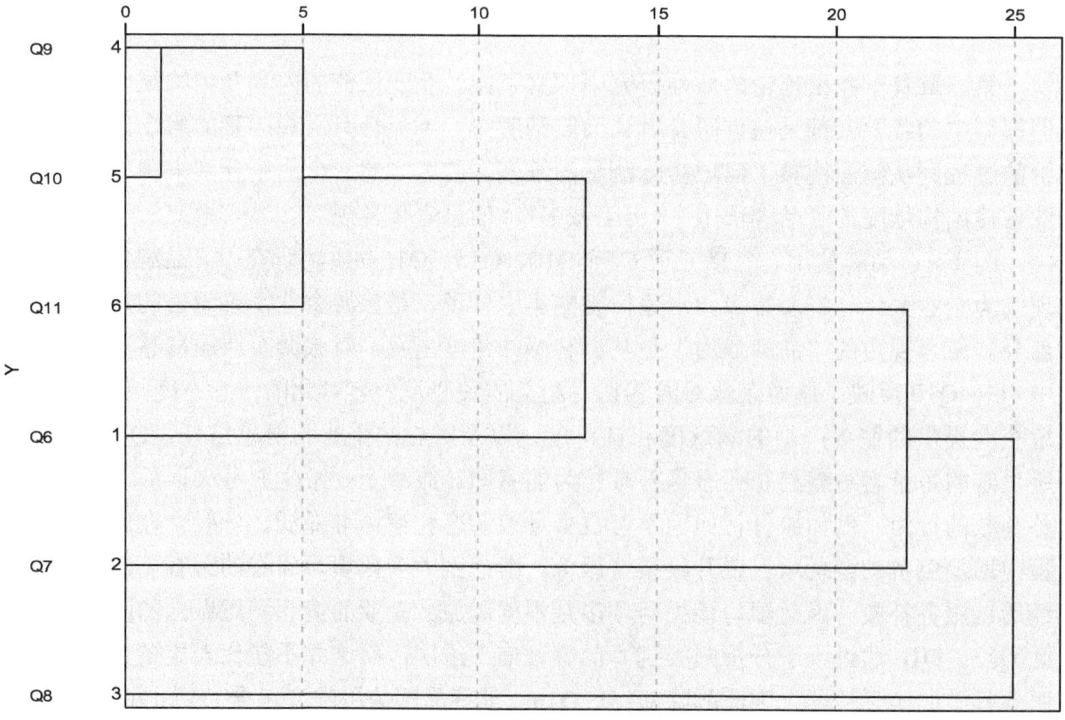

图4.6 聚类结果树状图

资料来源:本研究整理。

表 4.20 群集结果表

案例	群集成员		
	5 群集	4 群集	3 群集
价格合理	1	1	1
企业安全提醒	2	2	2
企业关心顾客利益	3	3	3
选择该企业正确	4	4	1
企业提供的产品及服务好	4	4	1
企业未来发展会很好	5	4	1

资料来源：本研究整理。

"价格合理"是对旅游企业提供产品及服务价格的客观评定，"选择该企业正确"及"企业提供的产品及服务好"均是对该企业的满意度的直观体现，"企业未来发展会很好"是游客基于对旅游企业的满意而对其未来的一种信念，因此合并 Q8~Q10，重新命名为"对该旅游企业满意并信任"。

七、游客视角评价量表的二级、三级指标确定

经过上述调查数据的分析与检验，共得到 3 个因子，每个因子均含有 4 个问项，这些问项都是经过检验后的合格变量，可以作为游客视角的旅游企业诚信评价量表的指标。游客视角作为一级指标，"员工诚信""信息宣传合规""品牌信用"这三个因子作为二级指标，每个因子包含的问项作为三级指标。游客视角的旅游企业诚信评价量表的指标体系如表 4.21 所示。

表 4.21 游客视角旅游企业诚信评价量表的指标体系

一级指标	二级指标	三级指标
游客视角	员工诚信	员工工作表现诚恳
		员工不诱导及欺诈游客
		员工服务态度好
		员工不索要小费
	信息宣传合规	宣传信息真实
		明确所含产品项目
		明确自费项目
		营销宣传不违反法律法规
	品牌信用	价格合理
		企业尽到安全提醒的职责
		企业关心顾客的利益
		企业提供优质产品和服务

资料来源：本研究整理。

八、验证性因子分析

本研究根据探索性因子分析和聚类分析得到的评价指标，设计游客视角的旅游企业诚信评价量表，来验证研究所得到的评价指标的信度与效度，以及二级指标中各构念间的结构效度和区分效度，并通过二阶验证性因子分析来验证二级指标是否能够有效反映一级指标游客视角的旅游企业诚信，即游客视角的旅游企业诚信评价量表是否能够有效包含员工诚信、信息宣传合规、品牌信用 3 个维度。

（一）研究工具

根据探索性因子分析和聚类分析进行结构探索后所得到的 12 个指标设计问卷量表。该量表的总体信度为 0.925。采用李克特 5 点计分法，中"1"为"非常不同意"，"5"为"非常同意"，1 至 5，数字越大表示越同意。调研问卷主要通过实地调研，即在各大景区及酒店随机拦截发放纸质问卷。累计回收问卷 528 份，删除有缺失项、逻辑明显错误、非认真填写等无效问卷，最终得到有效问卷 478 份，问卷有效率为 90.5%。被调查者主要来自北方城市，其中津、豫、湘游客最多，三者占比 46.4%。具体情况如表 4.22 所示。

表 4.22 游客视角调查问卷来源地区（前十名）分析表

问卷来源地区（前十名）										
天津	河南	湖南	河北	安徽	山东	湖北	北京	山西	广东	占总体比例
116	69	37	36	33	25	23	20	15	13	81%

资料来源：本研究整理。

被调查者中女性多于男性，21～25 岁的年轻人占比最大，超过半数，此外 60% 游客是本科及大专毕业。由统计看出，游客最近一次旅游消费主要集中在景区、旅行社和酒店，其中景区所占比例最高，能达到 46.4%。调查样本具体的基本特征描述如表 4.23 所示。

表 4.23 游客视角调查问卷样本基本信息

问项	选项	人数	比例
性别	男	211	44.1%
	女	267	55.9%
年龄	20 岁及以下	38	7.9%
	21～25 岁	249	52.1%
	26～29 岁	120	25%
	30～39 岁	40	8.4%
	40 岁及以上	31	6.5%

续表

问项	选项	人数	比例
受教育程度	初中及以下	8	1.7%
	高中及中专	66	13.8%
	本科及大专	287	60.0%
	研究生及以上	117	24.5%
最近一次消费的旅游企业类型	景区	222	46.4%
	旅行社	117	24.5%
	酒店	96	20.1
	其他	43	9%

资料来源：本研究整理。

（二）信度检验

本研究还从信度系数、条目与总体相关检验以及删除该条目后信度系数的变化等三个方面对信息宣传合规、品牌信用、员工诚信3个因子指标进行了条目分析和信度分析，结果见表4.24。

表4.24表明，信息宣传合规、品牌信用、员工诚信3个因子指标的信度系数分别为0.83、0.84、0.873，可见各个因子内部条目的信度较好。从条目与总体的相关性来看，所有条目与总分相关性均比较高，这表明游客视角的旅游企业诚信评价量表具有较高的信度和稳定性，各指标能够有效测量其所表示的因子。

表4.24 游客视角的旅游企业诚信评价量表的指标和信度分析

指标	信度系数	该指标与总体相关性	删除该指标的信度系数
游客视角的旅游企业诚信评价体系（f4）	0.925		
信息宣传合规（f1）	0.830		
q1:宣传信息真实		0.656	0.724
q2:明确所含产品项目		0.728	0.754
q3:明确自费项目		0.686	0.774
q4:营销宣传不违反法律法规		0.659	0.785
品牌信用(f2)	0.840		
q5:价格合理		0.650	0.808
q6:企业尽到安全提醒的职责		0.610	0.825
q7:企业关心顾客的利益		0.698	0.787
q8:企业提供优质产品和服务		0.739	0.770
员工诚信(f3)	0.873		
q9:员工工作表现诚恳		0.742	0.831
q10:员工不诱导及欺诈游客		0.743	0.830
q11:员工服务态度好		0.761	0.823
q12:员工不索要小费		0.765	0.860

资料来源：本研究整理。

(三) 收敛效度

本研究利用问卷二搜集的数据,用验证性因子分析检测探索性因子分析所得的 3 因子的结构效度,即使用 Mplus 分析软件对 3 因子的结构进行一阶和二阶验证性因子分析。一阶验证性因子分析的结果表明:$\chi^2 = 140.773$,df = 81,χ^2/df =1.73,CFI = 0.965,TLI = 0.954, RMSEA = 0.061,以上指标说明一阶 3 因子模型具有较高的拟合度。各测量指标(三级指标)的因子负荷量在 0.664～0.850 之间,说明探索性因子分析所确定的三级指标能够有效测量其所要测得的构念特质(二级指标)。各因子(二级指标)之间存在相对较高的相关性(相关系数在 0.760～0.849 之间,显著性均为 P<0.001),说明这 3 个因素(二级指标)间可能有着一个更高阶的共同因素(一级指标),即因子间可能存在二阶结构(如图 4.7)。由图 4.7 可知,所有的观测指标变量的因子负荷都能显著反映所要测量的构念,而且二阶因子内部的 3 个一阶因子的标准载荷系数均在 0.01 水平上显著。这说明本研究所得的 3 因子模型具有良好的收敛效度。

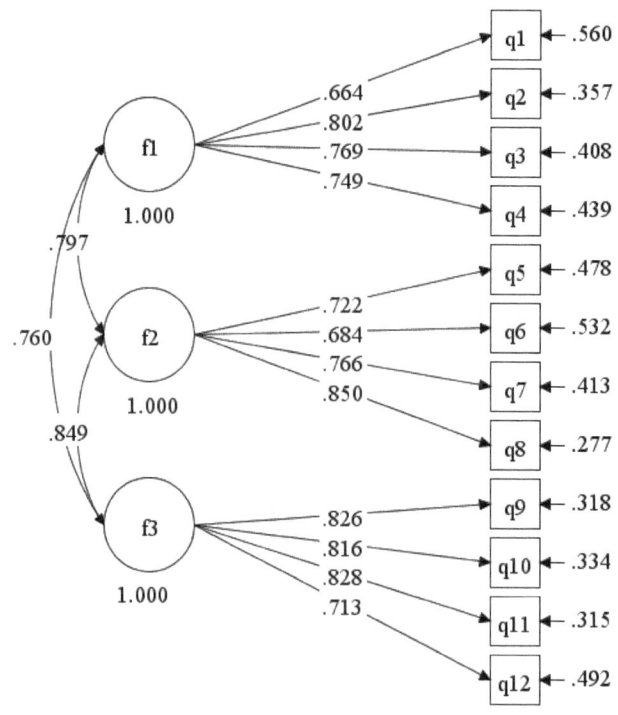

图 4.7 游客视角旅游企业诚信评价量表一阶 3 因子结构模型路径图

资料来源:本研究整理。

本研究采用验证性因子分析检验了 3 因子的二阶结构模型。结果表明:χ^2 = 130.756,df = 76,χ^2/df =1.72,CFI = 0.963,TLI = 0.958, RMSEA = 0.064,二阶结构模型具有较好的拟合度。3 个因子的标准化回归系数位于 0.845～0.943 之间,显著性均为 P<0.001(如图 4.8),说明游客视角的旅游企业诚信对 3 个因子(二级指标)

有很高的影响。3个因子能够有效测得其所要检测的构念——旅游企业诚信，即3个二级指标能够有效反映员工视角的旅游企业诚信。

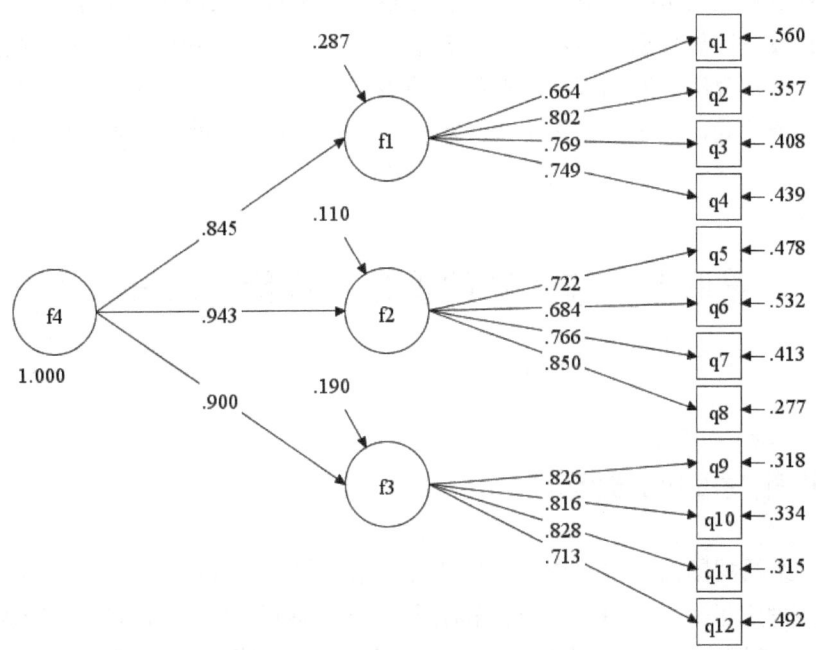

图 4.8　游客视角旅游企业诚信评价量表二阶 3 因子结构模型路径图
资料来源：本研究整理。

（四）区别效度

从表 4.25 中可以发现，各受限模型与非受限模型间的卡方差异量均大于临界因素构念的区别效度检验指标值 3.84，表示受限模型间的卡方差异量均达 0.05 显著水平，3 个因素构念间所表示的潜在特质是有显著区别的，即 3 个二级指标具有唯一性，只能反映其所在的维度。这说明测量模型具有良好的区别效度。

表 4.25　游客视角旅游企业诚信评价量表的区分效度检验

配对潜在变量	未受限制模型(A) 相关系数为自由估计		受限模型(B) 相关系数固定为 1		卡方值差异量 模型 B-模型 A	
	χ^2	df	χ^2	df	$\Delta\chi^2$	Δdf
信息宣传合规—品牌信用	72.2	19	164.5	20	92.3***	1
信息宣传合规—员工诚信	121.7	19	209.2	20	87.5***	1
品牌信用—员工诚信	48.3	19	105.7	20	57.4***	1

注：*** 受限模型与未受限模型卡方值差异量（$\Delta\chi^2$）大于 10.827，达 0.001 显著水平。
资料来源：本研究整理。

通过以上的探索性因子分析和验证性因子分析，结果表明本研究所确定的游客视角的旅游企业诚信量表的一级指标、二级指标、三级指标具有很高的信度与效度。各指标能够有效测量其所要检测的构念。各三级指标能够有效测量二级指标，游客视角的旅游企业诚信评价量表是能够有效包含信息宣传合规、品牌信用和员工诚信3个维度。因此，本研究所开发的基于游客视角的旅游企业诚信评价量表具有较高的信度与效度，是一个准确、有效的测量工具，为后续的实证研究提供了必要的技术保障。

第四节　监管部门视角的评价量表开发

一、评价指标的初级选取

课题小组根据国内外旅游企业诚信评价的相关文献，以及第三章扎根理论的研究成果，初步确定了"制度诚信""经济信用""合规情况""品牌诚信""持续诚信"5个一级指标，以及22个二级指标，得到旅游企业诚信评价（监管部门）的初选指标，如表4.26所示。

表 4.26　监管部门对旅游企业诚信评价指标的选项池

一级指标	二级指标
制度诚信	企业制度可操作性
	企业制度完善程度
经济信用	银行评定信用等级
	营运能力
	获利能力
	偿债能力
	发展能力
合规情况	遵守行业规范
	管理制度符合相关法律规范
	合同违约率
	顾客投诉率
	依法纳税情况
	《旅游投诉举报案例季度通报》名单
	披露信息真实情况（如企业上报的财务数据等）
	年度十大旅游违规案例公布
	获得相关认证（如重合同守信用企业认证）

续表

一级指标	二级指标
品牌诚信	等级资质（如 A 级评定等） 不诚信经营记录 媒体曝光负面信息
持续诚信	游客投诉反应速度 游客投诉处理速度 投诉案例解决情况

资料来源：本研究整理。

二、德尔菲法修改指标

本研究在评价旅游企业诚信时，为了尽可能全面反映旅游企业的诚信问题，从利益相关者的角度出发，采用游客、企业内部员工和企业监管部门三方同时对旅游企业诚信进行评价，建立一套三方评价打分体系。针对旅游企业诚信评价指标设计时，本研究主要考虑到一些旅游企业的客观数据难以获取，以及一些不适合游客和旅游企业内部员工评价的指标问项，集中由监管部门来进行评价，因此决定采用德尔菲法选择监管部门对旅游企业诚信评价的指标。通过咨询相关专家的方式，让专家凭借自身对该行业的深刻认识及了解来判断采用这些指标评价旅游企业诚信是否合适及合适的程度，这比通过真正的定量测量分析更具有科学性和可操作性。此外，本研究的对象为我国的旅游企业诚信状况，目前我国的旅游企业类型众多，规模大小不一，且各地区发展不平衡，难以通过以个体旅游企业为单位来收集相关数据进行定量研究分析。因此，通过德尔菲法来修改监管部门对旅游企业诚信评价的指标是可行的。

（一）确立专家小组

采用德尔菲法来确定监管部门对旅游企业诚信评价指标体系的步骤如下：（1）研究小组通过文献研究法和扎根研究法来初步确立监管部门对旅游企业诚信评价的指标问项集；（2）成立旅游企业诚信评价专家小组，并确定专家组成员，小组成员控制在 20 人左右；（3）向所有的专家组成员发放调研问卷，请专家对初步确定的各项评价指标进行评价，判断各项指标是否适合评价旅游企业的诚信状况及其适合程度；（4）回收所有的问卷，并对专家的意见进行汇总整理，确定监管部门对旅游企业诚信评价的指标体系。本研究小组通过电子邮件或即时通信工具（微信、QQ）等，向专家发放问卷。

德尔菲法成功的关键在于对专家的选择。专家组的选择应该遵循针对性原则、代表性原则和回避原则，而对专家的选择在于"专"，熟悉这个领域的历史、现状和未来的发展趋势，具有较高的水平。在确定监管部门对旅游企业诚信评价指标的研究中，专家组成员主要是由旅游企业监管部门的资深员工、研究旅游企业的学者以及旅游企业领导三部分组成。在正式开始专家调研前，本研究组成员初步拟定了专家组成员名单，然后分别与各位专家预约交流，最终有 20 位专家同意参与本研究。参与本研究并填写调查问卷的专家统计如表 4.27 所示。

表 4.27 德尔菲法专家描述统计结果

	统计信息	频数	频率（%）
性别	男	7	35
	女	13	65
职业	监管部门员工	12	60
	企业领导	2	10
	专家/学者	6	30
年龄	30 岁及以下	4	20
	31~40 岁	5	25
	41~50 岁	8	40
	51~60 岁	2	10
	61 岁及以上	1	5

资料来源：本研究整理。

（二）德尔菲法研究过程

根据以往学者的研究，在德尔菲法研究过程中，并没有形成达到意见集中的统一标准，而哈洛韦尔等（Hallowell & Gambatese, 2009）认为 51%、55%、70% 和 80% 可以被认为是达到一致意见的阈值[①]。本研究考虑到旅游企业诚信评价的相关研究较少，为了让本研究构建的评价体系更全面、更合理和可操作性更强，在进行专家选取时做了严格的筛选，力争邀请对旅游企业有深刻了解和见地的专家参与本研究，同时将意见同意的阈值确定为 55%，即同意该指标的比例超过了 55%，则说明该指标入选为监管部门对旅游企业诚信评价的指标。

为了节约调查问卷的时间和成本，让调查过程更具有效率，在调查问卷设计初步完成后，首先在小范围内邀请几位学者做预调研，以确保问卷中的各个问项可以为专家准确理解，对存在歧义的问项进行商量并改进，同时修改不必要的内容，让问卷更加清晰合理。其中，综合专家的意见，将"品牌诚信"改为更贴切的"企业声誉"，将获得相关认证(如"重合同守信用企业认证")的所属维度从"合规情况"调整到"企业声誉"中，同时在"合规情况"维度下增加了"公共媒体报道"问项，在"持续诚信"维度下增添了"服务补救措施"问项。

在正式调查问卷的过程中，将初步确定的各项指标提供给专家选择，请专家在"非常不合适、不合适、一般、合适、非常合适" 5 个选项中，根据自身的学识及经验，独立给出自己对指标选择的判断。专家意见反馈回来后，将每个指标问项中，专家选择"合适"及"非常合适"选项的人数统计出来，并将其标记为"通过率"，某项指标能否入选评价体系的标准则为，"通过率"是否大于本研究规定的阈值（55%），大于阈值则入选，反之则删除。在本研究中，专家反馈的意见统计如研究表 4.28 所示。

---

① Hallowell M. R., Gambatese j. A. Qualitative research: application of delphi method to CEM research[J]. Journal of Construction Engineering and Management, 2009, 136(1): 99-107.

表 4.28 德尔菲法专家反馈意见总结

一级指标	二级指标	通过率
制度诚信	企业制度可操作性	40%
	企业制度完善程度	20%
经济信用	银行评定信用等级	45%
	营运能力	70%
	获利能力	60%
	偿债能力	55%
	发展能力	65%
合规情况	公共媒体报道	60%
	遵守行业规范	40%
	管理制度符合相关法律规范	75%
	合同违约率	85%
	顾客投诉率	65%
	依法纳税情况	85%
	《旅游投诉举报案例季度通报》名单	50%
	披露信息真实情况(如企业上报的财务数据等)	50%
	年度十大旅游违规案例公布	50%
企业声誉	等级资质(如A级评定等)	70%
	不诚信经营记录	50%
	媒体曝光负面信息	45%
	获得相关认证(如重合同守信用企业认证)	60%
持续诚信	游客投诉反应速度	85%
	游客投诉处理速度	80%
	投诉案例解决情况	70%
	服务补救措施	65%

资料来源：本研究整理。

三、评价量表的构建

根据上文设置的意见统一阈值55%为标准，将原始问项指标进行筛选，删除了"制度诚信"这一维度以及"银行评定信用等级""遵守行业规范""《旅游投诉举报案例季度通报》名单""披露信息真实情况""年度十大旅游违规案例公布""不诚信经营记录""媒体曝光负面信息"7个问项，得到监管部门对旅游企业诚信评价的指标体系，如表4.28所示。经过对专家反馈意见的整理分析可知，监管部门对旅游企业诚信评价的指标体系主要集中在四个方面，即旅游企业的经济信用、合规情况、企业声誉和持续诚信，这四方面作为监管部门对旅游企业诚信评价指标体系的二级指标，每个二级指标下面包括2~5个三级指标，具体情况如表4.29所示。

表 4.29 监管部门对旅游企业诚信评价的指标体系

一级指标	二级指标	三级指标	三级指标说明
监管部门视角	经济信用	营运能力	反映企业资产的运营效率，主要用流动资产周转率、总资产周转率等指标来衡量
		获利能力	指企业资本增值的能力，一般是通过总资产报酬率、主营业务收入利润率等指标来衡量
		偿债能力	企业及时向供应商、债权人及银行等金融机构偿还债务的能力，通常用流动比率、资产负债率等指标来衡量
		发展能力	主要包括销售收入增长率、资本积累率
	持续诚信	游客投诉反应速度	顾客因对企业的服务或产品不满而投诉企业时，企业对其投诉的接受态度及意识到自身服务失误所需的反应时间
		游客投诉处理速度	企业面对顾客投诉且意识到自身服务失误后，积极采取各项服务补救措施的速度
		投诉解决状况	企业解决顾客投诉的成败情况
		服务补救措施	企业在对客服务失误后，为了重新获取顾客对企业的满意及信任所采取的各类措施
	合规情况	公共媒体报道	指公共媒体对企业运营过程中合规与否的相关报道（本研究主要指企业的负面报道）
		管理制度符合相关法律规范	企业的内部管理制度，如财务管理制度、人事管理制度等，不违背国家的相关法律法规
		合同违约率	企业在与各个利益相关者所签订的所有合同中，没有如约履行的比率
		顾客投诉率	企业在服务顾客的过程中，发生服务失误导致顾客不满，从而投诉企业的比率
		依法纳税情况	企业依法纳税，没有偷税、欠税、骗税和抗税行为
	企业声誉	等级资质（如 A 级评定）	企业在所在行业的等级评定中的等级以及获得的市级以上行政管理部门、单位颁发的各种营业资质
		获得相关认证（如"重合同守信用企业认证"）	由于企业经营诚信高效等，获得了政府部门或行业组织评定的各类相关荣誉认证，如"重合同守信用企业认证"等

资料来源：本研究整理。

第五节　本章小结

本章的最重要贡献是确定了旅游企业诚信评价量表。基于利益相关者视角，各级评价量表指标能涵盖到旅游企业诚信的各个主要方面，其中，量表的指标评价数据是标准化的规范数据，易于采集，方便计量。除此之外，本章还做到了以下两点：

第一，本章确定的旅游企业诚信评价量表的过程是严谨科学的。本章研究的重要理论基础是第二章、第三章的研究成果。第二章对相关文献进行了综述，辨析了部分相近的概念，明确了目前的研究现状；第三章运用扎根理论、层层编码，由下到上地建立起旅游企业概念及维度，形成了正确、全面的概念基础，为本章概念操作化的顺利进行提供了前提条件。本章根据扎根理论分析结果以及文献资料初步构建了共有116个问项的问项池，采用德尔菲法对问项进行筛选，两轮的专家意见回馈后，专家们基本一致同意将问项合并、删减到71项，为了进一步保证问项的全面性和准确性，本研究采用了更加严谨的专家座谈法，经过专家们的商议，问项最终定为64项。这一过程既降低了问项的冗杂性，又保证了问卷中各问项的合理性和全面性。此外，本章确立的评价量表是用多个观测变量（一般是3~5个）来测量一个潜变量，即使用多问项指标来测量旅游企业诚信及其各个维度，符合量表构建的多问项原则。

第二，为验证确定的评价量表的可靠性，本章对其进行了探索性因子分析、二阶验证性因子分析、信度和效度分析，结果均达到相关要求，说明本章的研究成果是全面可靠，可以推广应用的。本章确立的旅游企业诚信评价量表如表4.30所示，对于量表评价指标的相对重要程度，即各项指标权重的确定，将在下章内容中进行深入的研究。

表4.30　旅游企业诚信评价量表

一级指标	二级指标	三级指标
员工视角	制度诚信	企业制度完善
		企业制度可操作性强
		企业制度得到很好实施
	领导诚信	所有员工受到公平、公正待遇
		为员工明确职业生涯规划
		满足员工基本生活需求
		提供良好工作环境
		员工的自主权限大

续表

一级指标	二级指标	三级指标
员工视角	劳动合同履约	与员工签订的合同具体清晰
		与员工签订的合同合法
		与员工签订的合同得到很好履行
		按时发放工资
	诚信文化	诚信服务宗旨
		培训诚信理念
		鼓励诚信行为
		诚信考核标准
游客视角	员工诚信	员工工作表现诚恳
		员工不诱导及欺诈游客
		员工服务态度好
		员工不索要小费
	信息宣传合规	宣传信息真实
		明确所含产品项目
		明确自费项目
		营销宣传不违反法律法规
	品牌信用	价格合理
		企业尽到安全提醒的职责
		企业关心顾客的利益
		企业提供优质产品和服务
监管部门视角	经济信用	营运能力
		获利能力
		偿债能力
		发展能力
	持续诚信	游客投诉反应速度
		游客投诉处理速度
		投诉案例解决情况
		服务补救措施
	合规情况	遵守行业规范
		管理制度符合相关法律规范
		合同违约率
		顾客投诉率
		依法纳税情况
	企业声誉	等级资质（如A级评定）
		获得相关认证（如"重合同守信用企业认证"）

资料来源：本研究整理。

第五章　旅游企业诚信评价体系的构建

传统的评价模式，例如学校评"三好学生"、单位评"先进个人"所用的方法，存在许多弊端。一方面，指标体系不全面、不规范；另一方面，评价方法本质上是定性分析或半定性半定量分析，主观成分过多，缺乏科学性。而现代的综合评价模式可以尽可能地排除主观成分，使评价结果更全面、更科学。目前研究中常用到的综合评价方法有：数据包络分析法（Data Envelopment Analysis, DEA）、人工神经网络评价法（Artificial Neural Network, ANN）、模糊综合评价法（Fuzzy Comprehensive Evaluation, FCE）等。其中，数据包络分析法不需要预先设定权重，但各个决策单元是从最有利于自己的角度分别求权重，得出的结果可能不符合实际情况；人工神经网络评价法能较全面地考虑、集成综合评价过程中的各种定性与定量信息，但操作复杂，需要大量的训练成本且精确度一般；而模糊综合评价法操作性强，不仅包含的信息量丰富，而且可以很好地解决问题判断的模糊性和不确定性，能对涉及模糊因素的对象系统进行综合评价。

本研究的核心是建立科学有效的旅游企业诚信评价体系，由于"诚信"是个主观概念，具有一定的模糊性和不确定性，因此本研究选择模糊评价的综合评价方法，并利用层次分析法（Analytic Hierarchy Process，AHP）为旅游企业诚信评价各个指标赋权重。

第一节　研究方法简介

一、层次分析法介绍

层次分析法（AHP）是美国著名的运筹学家萨蒂（Satty）等人在 20 世纪 70 年代，为美国国防部研究"根据各个工业部门对国家福利的贡献大小而进行电力分配"课题时，应用网络系统理论和多目标综合评价方法，提出的一种定性与定量分析相结合的多准则决策方法。在科学研究工作中,常常会遇到与"根据贡献进行分配"类似的多指标的综合评价和多目标决策的问题,本研究的核心是建立旅游企业诚信评价体系,涉及多层次、多方面的指标,需要科学、合理地确立各指标权重。一般而言,各指标权重的确立主要是根据个人经验尤其是专家权威所得,但是本研究的目标是建立科学、有效、普适度高的旅游企业诚信评价体系,不仅需要专家的权威意见,还需要客观的定量分析,来保证最终各指标的权重合理。

层次分析法能将个人的主观判断与缜密的逻辑推理紧密联系起来,分析的结果既能反映研究问题的真实性,又能保证数值的准确性,因此本研究主要运用层次分析法获得各评价指标的权重。

二、层次分析法的基本研究步骤

首先,层次分析法是按照支配逻辑关系,把需要解决的问题或者需要完成的目标层次化,构建一个完整的层次分析结构模型;其次,请被调查者根据主观判断或经验,两两比较各层中两个元素的相对重要性;最后,回收调查数据,运用相关统计技术确定各指标的相对重要性,从而最终确立整个指标体系中各指标所占的权重。

(一)构造层次分析结构

应用层次分析法分析问题,第一步需要把研究的问题条理化、层次化,构造一个层次分析结构模型。基本的层次分析结构模型分为目标层、准则层和方案层,如图 5.1 所示。

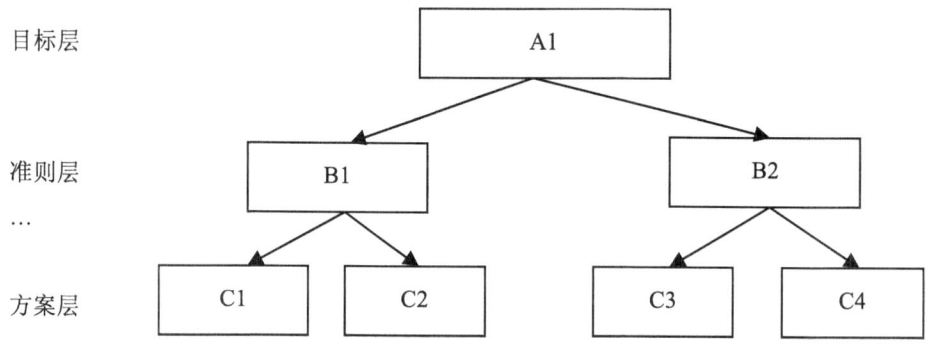

图 5.1 层次分析结构图

资料来源:本研究整理。

最高层为目标层,只有一个元素,表示所要达到的目标或要解决的核心问题;中间层为准则层,含有多个元素,表示衡量是否达到目标的判断准则;最低层是方案层,代表选用的解决问题的各种措施、决策和方案等。横向层次中同属一个上级层的各元素将会被两两比较,从而得出相对重要值,纵向各层次间有着支配逻辑关系,上级层支配下级层,下级层各元素从属于上级层。整个体系中上级元素的衡量计算是从下级层开始逐步向上推算的,因此最低层的方案层各元素比重的确立格外重要。

(二)构造判断矩阵

建立层次分析模型后,就可以两两比较同属于一个上级层的同层各元素,构造比较判断矩阵。判断矩阵是将两两元素的主观判断,用合适的标度表现出来的一种量化方法。

假定上一层次的元素 B_k 作为准则,对下一层元素 C_1,C_2,…,C_n 有支配关系,并在准则 B_k 下按相对重要性 C_1,C_2,…,C_n 赋相应的权重。对于 n 个元素来说,得到两两比较判断矩阵 $C=(C_{ij})_{nn}$。其中 C_{ij} 表示因素 i 和因素 j 相对于目标的重要值。

一般地,构造的判断矩阵如表 5.1 所示。

表 5.1 判断矩阵表

B_k	C_1	C_2	…	C_n
C_1	C_{11}	C_{12}	…	C_{1n}
C_2	C_{21}	C_{22}	…	C_{2n}
…	…	…	…	…
C_n	C_{n1}	C_{n2}	…	C_{nn}

资料来源:本研究整理。

显然,该矩阵满足:$C_{ij}>0$,$C_{ij}=1/C_{ji}$,$C_{ii}=1$(i,j=1,2,…,n),这类矩阵 C 为正反矩阵。对于正反矩阵 C,若对于任意 i、j、k,均有 $C_{ij}=C_{jk} \cdot C_{ik}$,此时称该矩阵为一致矩阵。

在层次分析法中,为了使决策判断定量化,形成数值判断矩阵,常根据一定的比率标度使判断量化。常用的是 1～9 标度方法,如表 5.2 所示。

表 5.2 判断矩阵标度及其含义

序号	重要性等级	C_{ij} 赋值
1	i、j 两元素同等重要	1
2	i 元素比 j 元素稍重要	3
3	i 元素比 j 元素明显重要	5
4	i 元素比 j 元素强烈重要	7
5	i 元素比 j 元素极端重要	9
6	i 元素比 j 元素稍不重要	1/3
7	i 元素比 j 元素明显不重要	1/5
8	i 元素比 j 元素强烈不重要	1/7
9	i 元素比 j 元素极端不重要	1/9

注:C_{ij}={2, 4, 6, 8, 1/2, 1/4, 1/6, 1/8}表示重要性等级介于 C_{ij}={1, 3, 5, 7, 9, 1/3, 1/5, 1/7, 1/9}。分值是根据人们进行定性分析的直觉和判断力确定的。

资料来源:本研究整理。

（三）判断矩阵的一致性检验

所谓判断一致性是指专家在判断指标重要性时，各判断之间协调一致，不会出现相互矛盾的结果。例如，若出现甲比乙极端重要，乙比丙极端重要，丙又比甲极端重要的情况显然是不合乎现实的。因此，为了保证运用层次分析法得到的结果合理、可靠，需要对判断矩阵进行一致性检验。

根据矩阵理论可得，如果 λ_1，λ_2，…，λ_n 是满足 $Ax=\lambda x$ 的数，λ 则是矩阵 A 的特征根，并且所有 $a_{ii}=1$，有：

$$\sum_{i=1}^{n} \lambda_i = n$$

显然，当矩阵具有完全一致性时，$\lambda_1=\lambda_{max}=n$，其余特征根均为零；当 A 不具有完全一致性时，则 $\lambda_1=\lambda_{max}>n$，其余特征根 λ_2，λ_3，…，λ_n 的关系为：$\sum_{i=2}^{n} \lambda_i = n-\lambda_{max}$。

……因此，在层次分析法中引入判断矩阵最大特征根以外的其余特征根平均值的负数，作为衡量判断矩阵偏离一致性的指标，即：

$$CI=(\sum_{i=2}^{n} \lambda_i)/(1-n)= (n-\lambda_{max})/(n-1)$$

CI 越大，判断矩阵的一致性越偏离；CI 越小（接近于 0），判断矩阵的一致性越好；当 CI=0 时，判断矩阵具有完全一致性。

三、模糊综合评价法介绍

1965 年，美国加利福尼亚大学自动控制专家扎德（L. A. Zadeh）第一次提出了模糊性问题，从不同于经典数学的角度，研究数学的基础集合论，给出了模糊概念的定量表示方法，发表了著名的论文《模糊集合》（Fuzzy Sets）。模糊数学自此之后开始得到关注和发展，模糊综合评价就是以模糊数学为基础，应用模糊数学中的模糊关系合成模糊应用原理，从而使一些边界不清的因素定量化，从多个方面综合评价事物隶属等级状况。

模糊综合评价法把社会现象中所出现的"亦此亦彼"的中介过渡状态采用概念内涵清晰，但外延界限不明确的模糊思想予以描述，并进行多因素的综合评价和估价。王钢（2003）认为采用模糊综合评价法有效地避免了用"是"与"非"这种硬性尺度衡量被评价现象的做法，克服了采用传统的综合评价法可能出现的不同程度地偏离客观[①]。

四、模糊综合评价法的一般步骤

模糊综合评价法的基本步骤是：首先，确定评价对象的因素集和评价等级；其次，

---

① 王钢. 定量分析与评价方法[M]. 上海：华东师范大学出版社，2003.

分别确定各个因素的权重及评价等级向量,获得模糊评判矩阵;最后,把模糊评判矩阵与因素的权重向量进行模糊运算并归一化,得到模糊评价的综合结果。

(一) 确定因素集和评价等级

设 $U=\{u_1, u_2, …, u_m\}$ 为评价对象的 m 个因素,$V=\{v_1, v_2, …, v_n\}$ 为每一个指标所处的 n 种评价等级。其中,m 是因素的个数,由具体指标体系决定;n 为评价等级数,一般为 3~5 个。

(二) 构造评判矩阵和确定权重

首先对单个因素 u_i($i=1, 2, …, m$)做评判,u_i 对评价等级 v_j($j=1, 2, …, n$)的隶属度为 r_{ij},这样就得到第 i 个因素 u_i 的单个因素评判集:

$r_{ij}=(r_{i1}, r_{i2}, …, r_{in})$

m 个因素的评价集就构造出一个总的评价矩阵 R,即每一个评价对象确定了从 U 到 V 的模糊关系 R:

$$R=(r_{ij})_{mn}=\begin{bmatrix} r_{11} & r_{12} & \cdots & r_{1n} \\ r_{21} & r_{22} & \cdots & r_{2n} \\ \vdots & \vdots & \ddots & \vdots \\ r_{m1} & r_{m2} & \cdots & r_{mn} \end{bmatrix}$$

其中,r_{ij} 表示第 i 个因素 u_i 在第 j 个评价等级上的频率分布,一般地,归一化使 $\sum r_{ij}=1$。

接下来,由评价者对各因素在评价体系中的重要程度赋权重,得到一个模糊子集 A,称为权重集,则:

$A=(a_1, a_2, …, a_m)$,其中 $a_i>0$,且 $\sum a_i=1$

(三) 进行模糊合成

确定综合评价向量 B,$B=A×R$,B 是对每一个评价指标综合状况等级的程度描述。另外,若评判结果 $\sum b_i \neq 1$,应进行归一化处理。

第二节 基于模糊综合评价法建立旅游企业诚信评价体系

一、旅游企业诚信评价指标的选择

对旅游企业诚信评价指标的研究主要从旅游企业员工、游客、监管部门三方主要利益相关者角度进行,综合上文的研究结果,得出如表 5.3 所示的指标体系,指标共分为三个层级,其中三方利益相关者为一级指标。

表 5.3 旅游企业诚信评价的指标体系表

一级指标	二级指标	三级指标
员工视角（u_1）	制度诚信（u_{11}）	企业制度完善（u_{111}）
		企业制度可操作性强（u_{112}）
		企业制度得到很好实施（u_{113}）
	领导诚信（u_{12}）	所有员工受到公平、公正待遇（u_{121}）
		为员工明确职业生涯规划（u_{122}）
		满足员工基本生活需求（u_{123}）
		提供良好工作环境（u_{124}）
		员工的自主权限大（u_{125}）
	劳动合同履约（u_{13}）	与员工签订的合同具体清晰（u_{131}）
		与员工签订的合同合法（u_{132}）
		与员工签订的合同得到很好履行（u_{133}）
		按时发放工资（u_{134}）
	诚信文化（u_{14}）	诚信服务宗旨（u_{141}）
		培训诚信理念（u_{142}）
		鼓励诚信行为（u_{143}）
		诚信考核标准（u_{144}）
游客视角（u_2）	员工诚信（u_{21}）	员工工作表现诚恳（u_{211}）
		员工不诱导及欺诈游客（u_{212}）
		员工服务态度好（u_{213}）
		员工不索要小费（u_{214}）
	信息宣传合规（u_{22}）	宣传信息真实（u_{221}）
		明确所含产品项目（u_{222}）
		明确自费项目（u_{223}）
		营销宣传不违反法律法规（u_{224}）
	品牌信用（u_{23}）	价格合理（u_{231}）
		企业尽到安全提醒的职责（u_{232}）
		企业关心顾客的利益（u_{233}）
		企业提供优质产品和服务（u_{234}）
监管部门视角（u_3）	经济信用（u_{31}）	营运能力（u_{311}）
		获利能力（u_{312}）
		偿债能力（u_{313}）
		发展能力（u_{314}）
	持续诚信（u_{32}）	游客投诉反应速度（u_{321}）
		游客投诉处理速度（u_{322}）
		投诉案例解决情况（u_{323}）
		服务补救措施（u_{324}）

续表

一级指标	二级指标	三级指标
	合规情况 （u_{33}）	遵守行业规范（u_{331}）
		管理制度符合相关法律规范（u_{332}）
		合同违约率（u_{333}）
		顾客投诉率（u_{334}）
		依法纳税情况（u_{335}）
	企业声誉 （u_{34}）	等级资质(如 A 级评定)（u_{341}）
		获得相关认证（如重合同守信用企业认证）（u_{342}）

资料来源：本研究整理。

二、确定旅游企业诚信评价体系的因素集

根据表 5.3 所示的评价指标，首先，设主因素集 U=（u_1，u_2，u_3），其中，u_1 为员工视角，u_2 是游客视角，u_3 为监管部门视角。

其次，设一级子因素集，在旅游企业诚信指标体系中，一级子因素级有三个，分别为员工视角因素集 u_1=（u_{11}，u_{12}，u_{13}，u_{14}），游客视角因素集 u_2=（u_{21}，u_{22}，u_{23}），监管部门视角因素集 u_3=（u_{31}，u_{32}，u_{33}，u_{34}）。其中 u_{11} 为制度诚信因素集，u_{12} 为领导诚信因素集，u_{13} 为劳动合同履约因素集，u_{14} 为诚信文化因素集，这四个因素都是员工视角的子因素；u_{21} 是员工诚信因素集，u_{22} 是信息宣传合规因素集，u_{23} 表示品牌信用因素集，共同构成了游客视角的因素集；监管部门视角因素集由 u_{31} 经济信用因素集、u_{32} 持续诚信因素集、u_{33} 合规情况因素集和 u_{34} 企业声誉因素集四项共同组成。

最后，设立二级子因素集，包括员工视角因素集支配下的制度诚信因素集 u_{11}=（u_{111}，u_{112}，u_{113}），领导诚信因素集 u_{12}=（u_{121}，u_{122}，u_{123}，u_{124}，u_{125}），劳动合同履约因素集 u_{13}=（u_{131}，u_{132}，u_{133}，u_{134}），诚信文化因素集 u_{14}=（u_{141}，u_{142}，u_{143}，u_{144}）；游客视角因素集下属的员工诚信因素集 u_{21}=（u_{211}，u_{212}，u_{213}，u_{214}），信息宣传合规因素集 u_{22}=（u_{221}，u_{222}，u_{223}，u_{224}，），品牌信用因素集 u_{23}=（u_{231}，u_{232}，u_{233}，u_{234}）；监管部门视角因素集下的经济信用因素集 u_{31}=（u_{311}，u_{312}，u_{313}，u_{314}），持续诚信因素集 u_{32}=（u_{321}，u_{322}，u_{323}，u_{324}），合规情况因素集 u_{33}=（u_{331}，u_{332}，u_{333}，u_{334}，u_{335}），企业声誉因素集 u_{34}=（u_{341}，u_{342}）。其中，u_{111} 表示企业制度完善，u_{112} 表示企业制度可操作性强，u_{113} 表示企业制度得到很好实施，这三个指标组成了制度诚信因素集；u_{121} 表示所有员工受到公平、公正待遇，u_{122} 表示企业为员工明确职业生涯规划，u_{123} 表示企业满足员工基本生活需求，u_{124} 表示企业提供良好工作环境，u_{125} 表示员工的自主权限大，这五个指标共同构成了领导诚信的因素集；u_{131} 表示与员工签订合同具体清晰，u_{132} 表示与员工签订的合同合法，u_{133} 表示与员工签订的合同得到很好履行，u_{134} 表示企业能按时发放工资，这四个元素都是同属于劳动合同履约的下一级指标，形成了劳动合同履约的因素集；员工作为评价方的最后一个二级子因素集即诚信文化因素

集由 u_{141} 诚信服务宗旨、u_{142} 培训诚信理念、u_{143} 鼓励诚信行为、u_{144} 诚信考核标准这四项组成。u_{211} 表示员工工作表现诚恳，u_{212} 表示员工不诱导及欺诈游客，u_{213} 表示员工服务态度好，u_{214} 表示员工不索要小费，这四项指标反映的是游客视角下员工诚信的表现，是员工诚信因素集的重要组成部分；信息宣传合规因素集包含 u_{221} 宣传信息真实、u_{222} 明确所含产品项目、u_{223} 明确自费项目、u_{224} 营销宣传不违反法律法规；品牌信用因素集包含 u_{231} 价格合理、u_{232} 企业尽到安全提醒的职责、u_{233} 企业关心顾客的利益、u_{234} 企业提供优质产品和服务，确定了游客作为评级方的全部二级子因素集。监管部门视角的二级子因素集中，u_{311} 表示企业的营运能力，u_{312} 表示企业的获利能力，u_{313} 表示企业的偿债能力，u_{314} 表示旅游企业的发展能力，这四项共同表示旅游企业的经济信用，构成了经济信用因素集；持续诚信因素集由 u_{321} 游客投诉反应速度、u_{322} 游客投诉处理速度、u_{323} 投诉案例解决情况和 u_{324} 服务补救措施四方面确定；u_{331} 遵守行业规范、u_{332} 管理制度符合相关法律规范、u_{333} 合同违约率、u_{334} 顾客投诉率、u_{335} 依法纳税情况五个指标形成了合规情况的因素集；u_{341} 表示等级资质（如 A 级评定），u_{342} 表示获得相关认证（如"重合同守信用企业认证"），都是企业声誉的下一级指标，共同构成了企业声誉的因素集。

三、运用层次分析法确立各指标权重

层次分析法可以将个人的主观意见与缜密的逻辑推理相结合，不仅能体现被调查者的真实意愿，还运用科学的定量研究方法，确保制定的各指标和各变量权重的合理、有效。本研究在比较多种权重确定方法之后，为了提高本次研究制定的旅游企业诚信评价体系的科学性、准确性，本研究决定采层次分析法确定各指标权重。在使用层次分析法的过程中需要设主因素的权重集 A=（a_1, a_2, a_3），其中，$\sum_{i=1}^{3} a_i = 1$，此外还需设一级子因素的权重集和二级子因素的权重集，这对于权重确定以及体系评价的研究过程来说很重要。一级子因素的权重集分别为 A_1=（a_{11}, a_{12}, a_{13}, a_{14}），A_2=（a_{21}, a_{22}, a_{23}），A_3=（a_{31}, a_{32}, a_{33}, a_{34}），其中 $\sum_{i=1}^{4} a_{1i}=1, \sum_{i=1}^{3} a_{2i}=1, \sum_{i=1}^{4} a_{3i}=1$。设二级子因素的权重集分别为 A_{11}=（a_{111}, a_{112}, a_{113}），A_{12}=（a_{121}, a_{122}, a_{123}, a_{124}, a_{125}），A_{13}=（a_{131}, a_{132}, a_{133}, a_{134}），A_{14}=（a_{141}, a_{142}, a_{143}, a_{144}），A_{21}=（a_{211}, a_{212}, a_{213}, a_{214}），A_{22}=（a_{221}, a_{222}, a_{223}, a_{224}），A_{23}=（a_{231}, a_{232}, a_{233}, a_{234}），A_{31}=（a_{311}, a_{312}, a_{313}, a_{314}），A_{32}=（a_{321}, a_{322}, a_{323}, a_{324}），A_{33}=（a_{331}, a_{332}, a_{333}, a_{334}, a_{335}），A_{34}=（a_{341}, a_{342}）。其中：

$$\sum_{i=1}^{3} a_{11i}=1, \sum_{i=1}^{5} a_{12i}=1, \sum_{i=1}^{4} a_{13i}=1, \sum_{i=1}^{4} a_{14i}=1, \sum_{i=1}^{4} a_{21i}=1, \sum_{i=1}^{4} a_{22i}=1,$$

$$\sum_{i=1}^{4} a_{23i}=1, \sum_{i=1}^{4} a_{31i}=1, \sum_{i=1}^{4} a_{32i}=1, \sum_{i=1}^{5} a_{33i}=1, \sum_{i=1}^{2} a_{34i}=1$$

(一)构造层次结构模型

层次分析法首先要确定本研究的一级、二级、三级指标构造层次结构模型,如图 5.2 所示。目标层是本研究的核心和最终目的,即旅游企业诚信评价,员工视角、游客视角、监管部门视角是评价指标体系中的一级指标,属于层次结构模型中的准则层,制度诚信、领导诚信、劳动合同履约、诚信文化、员工诚信、信息宣传合规、品牌信用、经济信用、持续诚信、合规情况以及企业声誉是指标体系中的二级指标,也是评价过程中具体的方案,属于层次结构模型中的方案层。本研究采用 AHP 层次分析软件 7.5 版进行数据处理和分析,第一步将层次结构模型输入软件,构建层次矩阵,对两两指标的相对重要性进行评分并对一致性进行检验,即可获得一级指标、二级指标的权重。第二步分别以员工视角、游客视角、监管部门视角为目标层,二级指标为准则层,三级指标为方案层,逐级向下可计算三级指标的权重。通过 AHP 层次分析软件得到的权重有两种查看方式,层次单排序和层次总排序。层次单排序是指同一层次几个指标对其所属上一层次指标的相对重要性,同一指标下一层指标的权重之和为 1;而层次总排序指最低层指标对最高层的相对重要性,所有最低层指标的权重之和为 1。本研究根据实际操作需要,决定采用层次单排序。

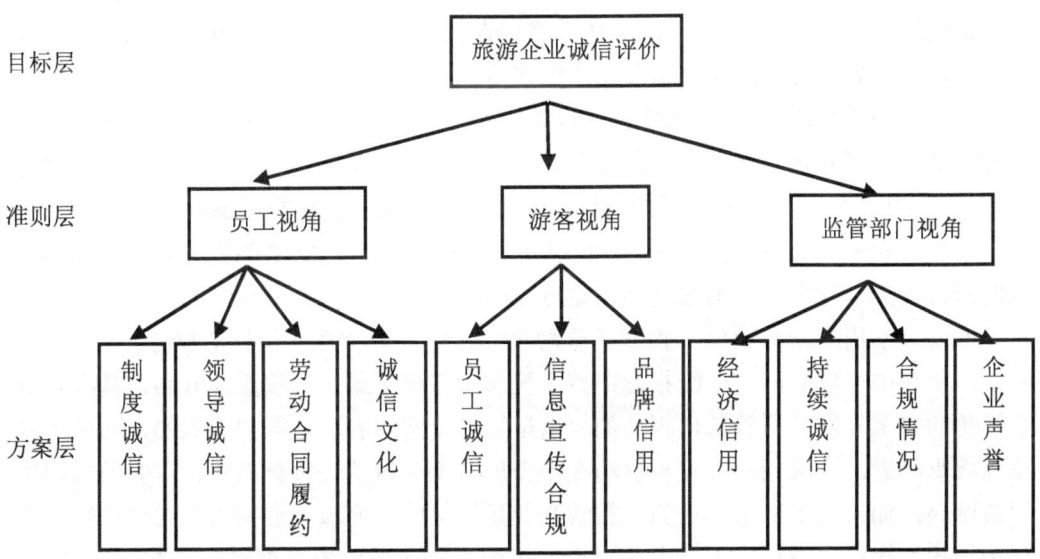

图 5.2 旅游企业诚信评价体系的层次分析结构图

资料来源:本研究整理。

(二)构造判断矩阵

旅游企业诚信评价体系的判断矩阵如表 5.4 所示。

表 5.4　旅游企业诚信评价体系的判断矩阵

k	k_1	k_2	k_3
k_1		n:1	1:n
k_2			
k_3			

资料来源：本研究整理。

若被调查者认为 k_1 比 k_2 更重要，且重要程度为 n 倍，则在两者相交的单元格中填写 n:1；若被调查者认为 k_1 比 k_3 更不重要，且不重要程度为 n 倍，则在两者相交的单元格中填写 1：n。其中，n=1，2，3，4，5，6，7，8，9。由于 k_1/k_2 与 k_2/k_1 的值互为倒数，且 $k_i/k_i=1$，从便捷性考虑，表 5.4 中灰色部分无需填写。

（三）得出指标权重

依照表 5.3 即旅游企业诚信评价指标体系表，本研究设计了各指标间的关系矩阵，得到了旅游企业诚信评价指标判断矩阵专家调查表。本研究共邀请 23 位专家填写调查表，其中旅游学业界的专家 7 位，旅游行业界专家 5 位，旅游监管部门专家 6 位，旅游管理博士研究生 5 位。首先，请专家根据各层级的每项指标的相对重要性评分，评分依据采用 Saaty 的 1～9 标度；其次，将调查数据对应输入 AHP 软件，综合各专家的评分，计算各指标在所属层级体系中的权重。

胡斌（2012）认为 AHP 软件是通过类似 Visio 的绘制方法来进行层次结构模型分析的，其输入判断矩阵除一般判断矩阵外，还可通过文字描述方式进行输入，同样可以使用多种标度[①]。可以对数据的一致性自动检验和调整，调整的原则是被调查者在填写问卷过程中的心理状态变化，效度很高，由于本研究在 AHP 数据输入时遇到不一致的问题较少，软件得出的最终结果是可靠的。

本研究运用层次分析法，得到了旅游企业诚信评价体系各指标的权重，如表 5.5 所示。从表中可以看出，一级指标中游客视角所占权重最大，权重为 0.49，其次是员工视角的权重 0.28，监管部门视角的权重虽然不及前两者，但数值为 0.23，与员工视角的权重相近。一级指标的权重说明在整个旅游企业诚信评价体系中，游客的影响作用最明显，如果大多数游客认为某旅游企业是诚信的，而该企业的员工或者监管部门认为该旅游企业在诚信上存在某些问题，但由于游客视角的权重将近 0.5，往往该企业的诚信评价结果不会太差。员工视角的二级指标中，制度诚信、领导诚信、劳动合同履约、诚信文化的权重基本相当，分布在 0.2～0.3 之间，各指标间权重的差距并不大。员工为评价方的三级指标中，权重超过 0.4 的只有企业制度得到很好实施，其余权重分布比较均匀；而从游客视角出发的三级指标，权重的大小更统一，没有过大值也没有过小值，员工诚信、信息宣传合规、品牌信用三个指标的各个下级指标的权重大体相同，波动不大；监管部门作为评价主体时，持续诚信的重要性更高一点，比较

[①] 胡斌. 两型社会视角下工业园区建设评价研究[D]. 长沙：中南大学，2012.

关注旅游企业的持续诚信，反而经济信用如旅游企业的营运能力、获利能力、偿债能力以及发展能力对于旅游企业诚信评价来说，它的重要性不如企业合规情况和企业声誉的重要性高。

表 5.5 旅游企业诚信评价体系的指标权重

一级指标	二级指标	三级指标
员工视角 u_1（0.28）	制度诚信 u_{11}（0.20）	企业制度完善 u_{111}（0.22）
		企业制度可操作性强 u_{112}（0.32）
		企业制度得到很好实施 u_{113}（0.46）
	领导诚信 u_{12}（0.29）	所有员工受到公平、公正待遇 u_{121}（0.28）
		为员工明确职业生涯规划 u_{122}（0.18）
		满足员工基本生活需求 u_{123}（0.25）
		提供良好工作环境 u_{124}（0.15）
		员工的自主权限大 u_{125}（0.14）
	劳动合同履约 u_{13}（0.24）	与员工签订合同具体清晰 u_{131}（0.26）
		与员工签订合同合法 u_{132}（0.20）
		与员工签订合同得到很好履行 u_{133}（0.21）
		按时发放工资 u_{134}（0.33）
	诚信文化 u_{14}（0.27）	诚信服务宗旨 u_{141}（0.14）
		培训诚信理念 u_{142}（0.18）
		鼓励诚信行为 u_{143}（0.33）
		诚信考核标准 u_{144}（0.35）
游客视角 u_2（0.49）	员工诚信 u_{21}（0.38）	员工工作表现诚恳 u_{211}（0.22）
		员工不诱导及欺诈游客 u_{212}（0.31）
		员工服务态度好 u_{213}（0.25）
		员工不索要小费 u_{214}（0.22）
	信息宣传合规 u_{22}（0.25）	宣传信息真实 u_{221}（0.30）
		明确所含产品项目 u_{222}（0.19）
		明确自费项目 u_{223}（0.26）
		营销宣传不违反法律法规 u_{224}（0.25）
	品牌信用 u_{23}（0.37）	价格合理 u_{231}（0.19）
		企业尽到安全提醒的职责 u_{232}（0.22）
		企业关心顾客的利益 u_{233}（0.28）
		企业提供优质产品和服务 u_{234}（0.31）
监管部门视角 u_3（0.23）	经济信用 u_{31}（0.19）	营运能力 u_{311}（0.22）
		获利能力 u_{312}（0.21）
		偿债能力 u_{313}（0.24）
		发展能力 u_{314}（0.33）

续表

一级指标	二级指标	三级指标
	持续诚信 u_{32} （0.31）	游客投诉反应速度 u_{321} （0.20）
		游客投诉处理速度 u_{322} （0.21）
		投诉案例解决情况 u_{323} （0.25）
		服务补救措施 u_{324} （0.34）
	合规情况 u_{33} （0.27）	遵守行业规范 u_{331} （0.12）
		管理制度符合相关法律规范 u_{332} （0.18）
		合同违约率 u_{333} （0.21）
		顾客投诉率 u_{334} （0.29）
		依法纳税情况 u_{335} （0.19）
	企业声誉 u_{34} （0.23）	等级资质(如 A 级评定) u_{341} （0.47）
		获得相关认证（如"重合同守信用企业认证"） u_{342} （0.53）

资料来源：本研究整理。

四、建立评价集 V

模糊综合评价法还需要为指标体系的每一个三级指标设定统一的评价集，为了与本研究设计调查问卷保持一致，此处用 5 个等级的评价集，V=（v_1, v_2, v_3, v_4, v_5）={差，较差，一般，较好，好}。

五、确定主因素集 u_i 的隶属度矩阵 r_i

设 r_{1ij} 代表第一个主因素的一级子因素 u_{1i} 中的每个因素 u_{1ij} 对评语 v_k 的隶属度，建立 u_{1i} 到 V 的模糊关系，得到隶属度矩阵 R_{1i}：

$$R_{1i}=\begin{bmatrix} r_{11} & r_{12} & \cdots & r_{1m} \\ r_{21} & r_{22} & \cdots & r_{2m} \\ \vdots & \vdots & \ddots & \vdots \\ r_{ni1} & r_{ni2} & \cdots & r_{nim} \end{bmatrix}$$

其中，n_i 代表第一个主因素的每个一级子因素集 u_{1i} 包含的二级子因素个数，m 代表评价等级的个数，取值为 5。

本研究中，隶属度 r_{1ij} 使用模糊统计办法求得，等于对第一个主因素的第 i 个指标评价为第 j 个等级的个数占全部评价人数的比重，即：

$$r_{1ij}=v_{1ij}/\sum_{j=1}^{m} v_{1ij}$$

其中，v_{1ij} 表示评价因素 u_{1ij} 有 v_{1ij} 个 v_j 评语。

由此可以确定制度诚信的隶属度矩阵 R_{11}，领导诚信的隶属度矩阵 R_{12}，劳动合同履约的隶属度矩阵 R_{13}，诚信文化的隶属度矩阵 R_{14}，员工诚信的隶属度矩阵 R_{21}，信息宣传合规的隶属度矩阵 R_{22}，品牌信用的隶属度矩阵 R_{23}，经济信用的隶属度矩阵 R_{31}，持续诚信的隶属度矩阵 R_{32}，合规情况的隶属度矩阵 R_{33}，诚信文化的隶属度矩阵 R_{34}。

六、计算综合评价

制度诚信向量 $B_{11}=A_{11} \cdot R_{11}$，其中 A_{11} 是制度诚信的权重集，即（0.22　0.32　0.46），R_{11} 是制度诚信的隶属度矩阵；领导诚信向量 $B_{12}=A_{12} \cdot R_{12}$，其中 A_{12} 是领导诚信的权重集，为（0.28　0.18　0.25　0.15　0.14），R_{12} 是领导诚信的隶属度矩阵；劳动合同履约向量 $B_{13}=A_{13} \cdot R_{13}$，其中 A_{13} 是劳动合同履约的权重集，为（0.26　0.20　0.21　0.33），R_{13} 是劳动合同履约的隶属度矩阵；诚信文化向量 $B_{14}=A_{14} \cdot R_{14}$，其中 A_{14} 是诚信文化的权重集，为（0.14　0.18　0.33　0.35），R_{14} 是诚信文化的隶属度矩阵。

员工视角的隶属度矩阵 R_1 是由员工评价企业的制度诚信向量 B_{11}、领导诚信向量 B_{12}、劳动合同履约向量 B_{13} 及诚信文化向量 B_{14} 这四个部分组成的，即：

$$R_1=\begin{bmatrix}B_{11}\\B_{12}\\B_{13}\\B_{14}\end{bmatrix}$$

员工视角的综合评价向量 $B_1=A_1 \cdot R_1$，其中 A_1 是员工视角的一级权重集，即（0.20　0.29　0.24　0.27），R_1 是员工视角的隶属度矩阵。

员工诚信向量 $B_{21}=A_{21} \cdot R_{21}$，其中 A_{21} 是员工诚信的权重集，即（0.22　0.31　0.25　0.22），R_{21} 是员工诚信的隶属度矩阵；信息宣传合规向量 $B_{22}=A_{22} \cdot R_{22}$，其中 A_{22} 是信息宣传合规的权重集，为（0.30　0.19　0.26　0.25），R_{22} 是信息宣传合规的隶属度矩阵；品牌信用向量 $B_{23}=A_{23} \cdot R_{23}$，其中 A_{23} 是品牌信用的权重集，是（0.19　0.22　0.28　0.31），R_{23} 是品牌信用的隶属度矩阵。

游客视角的隶属度矩阵 R_2 是由游客评价企业的员工诚信向量 B_{21}、信息宣传合规向量 B_{22}、品牌信用向量 B_{23} 组成，即：

$$R_2=\begin{bmatrix}B_{21}\\B_{22}\\B_{23}\end{bmatrix}$$

游客视角的综合评价向量 $B_2=A_2 \cdot R_2$，其中 A_2 是游客视角的一级权重集，即（0.38　0.25　0.37），R_1 是员工视角的隶属度矩阵。

经济信用向量 $B_{31}=A_{31} \cdot R_{31}$，其中 A_{31} 是经济信用的权重集，即（0.22 0.21 0.24 0.33），R_{31} 是经济信用的隶属度矩阵；持续诚信向量 $B_{32}=A_{32} \cdot R_{32}$，其中 A_{32} 是持续诚信的权重集，为（0.20 0.21 0.25 0.34），R_{32} 是持续诚信的隶属度矩阵；合规情况向量 $B_{33}=A_{33} \cdot R_{33}$，其中 A_{33} 是合规情况的权重集，为（0.12 0.18 0.21 0.29 0.19），R_{33} 是合规情况的隶属度矩阵；企业声誉向量 $B_{34}=A_{34} \cdot R_{34}$，其中 A_{34} 是企业声誉的权重集，为（0.47 0.53），R_{34} 是企业声誉的隶属度矩阵。

监管部门视角的隶属度矩阵 R_3 是由监管部门评价企业的经济信用向量 B_{31}、持续诚信向量 B_{32}、合规情况向量 B_{33} 及企业声誉向量 B_{34} 这四个部分组成的，即：

$$R_3 = \begin{bmatrix} B_{31} \\ B_{32} \\ B_{33} \\ B_{34} \end{bmatrix}$$

监管部门视角的综合评价向量 $B_3=A_3 \cdot R_3$，其中 A_3 是监管部门视角的一级权重集，即（0.19 0.31 0.27 0.23），R_3 是员工视角的隶属度矩阵。

结合员工视角的综合评价向量 B_1、游客视角的综合评价向量 B_2 与监管部门视角的综合评价向量 B_3，总模糊评价矩阵为：

$$R = \begin{bmatrix} B_1 \\ B_2 \\ B_3 \end{bmatrix}$$

总体综合评价结果为 $B=A \cdot R$，其中 A 是主因素旅游企业诚信评价的权重集，A=（0.28 0.49 0.23）。

需要指出的是，最终得到的 B 是一个含有 5 个元素的向量，即：

$B=(b_1, b_2, b_3, b_4, b_5)$

其中，b_1、b_2、b_3、b_4、b_5 分别表示评价对象被认为差、较差、一般、较好、好 5 个等级各自所占的比重，若计算旅游企业诚信评价的总得分，可以设定差、较差、一般、较好、好为 20 分、40 分、60 分、80 分、100 分，则总得分=$20 \times b_1 + 40 \times b_2 + 60 \times b_3 + 80 \times b_4 + 100 \times b_5$。

七、评价等级的确定

对旅游企业的诚信评价结果以百分之表示，按旅游企业诚信评价实际综合得分情况，并且借鉴国际上通行的信用评价"三级九等"分类方法，将旅游企业诚信水平划分为三级：诚信优良旅游企业、诚信一般旅游企业和诚信较差旅游企业，分别以 A、B、C 标识。每一级又分别细分为三等，分别以 AAA、AA、A；BBB、BB、B；CCC、CC、C 标识，则旅游企业诚信的评价等级设置如表 5.6 所示。

表 5.6 旅游企业诚信的评价等级

评级总分	诚信等级	诚信度
90～100	AAA	特优
85～89	AA	优
80～84	A	良
70～79	BBB	较好
60～69	BB	尚可
55～59	B	一般
50～54	CCC	较差
45～49	CC	差
45 以下	C	很差

资料来源：本研究整理。

旅游企业诚信水平的评价，从利益相关者的角度出发，选取了旅游企业的员工、游客以及监管部门三方为评价主体，其中员工、游客需填写本研究开发的旅游企业诚信评价问卷，采用李克特 5 级量表，其中"1"为"非常不同意"，"5"为"非常同意"，从 1 至 5 数字越大表示越同意这个问项，从而对每个问项进行打分，监管部门人员则需依据营运能力、获利能力等三级指标的分数细则说明，对旅游企业的三级指标打分。旅游企业诚信评价小组将三方问卷回收后，将问卷各项指标的分数运用模糊综合评价方法，结合层次分析法所确定的各指标权重，计算出被调查旅游企业的诚信水平分数，然后根据旅游企业诚信等级评价表的划分准则，最终确立该旅游企业的诚信等级。

第三节 本章小结

本章在第四章确定旅游企业诚信评价指标体系的基础上，运用模糊综合评价法，从旅游企业员工、游客以及监管部门的视角建立了完整的旅游企业诚信评价体系，总体来说，本章共有两点贡献：

第一，本研究运用层次分析法，将指标划分成不同的层次，两两比较同级层次两个元素的相对重要性，将调查数据导入专业的 AHP 层次分析软件，形成了各指标在所属层次体系中的权重。层次分析法的优势是可以综合定性判断与定量计算，将个人的主观评价与层层递进的支配逻辑相结合，得出的指标权重科学性、有效性高。从旅游企业的诚信评价体指标系的权重来看，游客视角的权重为 0.49，说明游客的感受与印象对旅游企业诚信评价有极大的影响。因此，如果旅游企业要提升自身的诚信水平，必须重视对游客的诚信度，提高员工的服务意识，保证产品的透明合法，树立自身的良好品牌。

第二，为了解决"诚信"概念的模糊性，本研究比较了多种综合评价方法，最终选取了基于模糊数学概念的模糊综合评价法，确定了从下往上层层递进的旅游企业诚信评价综合体系，得到的结果准确度高，而且能为旅游企业、游客、监管部门等提供丰富的有效信息，从而有利于推动旅游业的健康可持续发展。

第六章 旅游企业诚信评价体系的应用

随着我国经济的快速发展，国民生活水平显著提高，居民对旅游的需求也日趋高涨，大众旅游时代已然到来，旅游企业的数量也随着旅游市场的发展壮大而呈现出爆炸式的增长，主要集中在旅游饭店、旅行社及人造旅游景点这三类旅游企业。但是，在旅游市场繁荣的同时，也带来不少问题，特别是旅游企业的"诚信缺失"现象层出不穷，导致旅游投诉日益增加。为了更好地维护旅游消费者的合法权益，保护旅游消费质量，同时促进旅游行业的健康发展，国家旅游管理的相关部门有必要对各类旅游企业的合法、诚信经营行为进行适当的监控。另外，对于旅游企业本身来说，通过旅游企业诚信的评价也有益于发现企业诚信存在的问题，从而"对症下药"，实现企业诚信经营，促进企业的可持续发展。本研究的目的是顺应时势的要求，探索一套较为全面的旅游企业诚信的综合评价体系。本章的目的着重于，通过实例来具体操作前文研究得出的旅游企业诚信综合评价体系，从而方便读者更清晰地理解整个评价体系的操作流程，同时也通过实例证明本研究设计的综合评价体系具有实践操作价值。

第一节 旅游企业诚信评价程序

为了规范旅游企业诚信评价的过程，保证整个评价过程的公平、公正与科学性，旅游企业诚信评价应遵循如下程序开展评价工作：
（1）成立旅游企业诚信评价小组；
（2）向被评价的旅游企业发出前期资料准备的要求；
（3）被评旅游企业提交诚信评价工作的基本情况资料，评价小组成员加以审核；
（4）进行实地调研，被评旅游企业协助员工方和游客方问卷的填写工作；
（5）现场查阅被评旅游企业原始资料，并依据评分细则打分；
（6）将问卷各项指标所得分数利用模糊综合评价方法计算总得分；
（7）形成旅游企业诚信评价报告并提交委托单位。
具体说明：旅游企业诚信评价小组由三方组成，即企业员工、企业顾客及监管部门。在实际评价旅游企业诚信等级的情况下，需根据具体的被评价企业规模来确定三方各个评价主体的调研数量，特别是确定需调研企业员工及企业顾客这两方的样本数量，一般情况下企业员工的调研数量确定为企业全体员工数量的 20%，企业顾客的调研数量为企业员工调研数量的 2~3 倍，监管部门的调研数量为 5 份左右，因为监管部门为旅游企业的诚信打分主要是根据企业提交的客观数据，同时结合本研究设计的具体评分细则打分，但为了避免单个人评分过于主观，所以选取 5 人左右分别对企业进行打分，再综合其评分结果，力求对每个企业的诚信度进行客观公正的评价。

第二节　Y 企业诚信评价过程

本部分将运用第四章、第五章所建立的旅游企业诚信评价体系，采用综合评分法，选择旅游企业进行实证研究。由于部分数据的可获取性受到限制，因此，本研究仅选取了一家旅行社企业作为旅游企业代表进行分析，以检验该评价体系的实操性，并方便读者更加清晰地了解整个评价过程。

一、企业概况

××中国国际旅行社（下文简称 Y 企业）于 1954 年成立，属于国家 5A 级旅行社，同时也是全国百强国际旅行社，现已成为×市规模最大、综合实力最强的国际旅行社之一。历年来，共接待国内外旅游者 100 多万人次，并为旅游业培养输送了大批骨干人才，其提供的服务有：国内旅游、出境旅游、入境旅游、航空客票代理、汽车出租、会议服务、全球酒店预订和商务旅行代理等，致力于为游客提供高品质的旅游体验。

目前该企业下设的业务部门主要集中在三大块：入境旅游中心、商务旅行中心及公民旅游中心。截至 2014 年 6 月，公司的总资产周转率为 2.24%，流动资产周转率为 2.47%，总资产报酬率为 1.16%，主营业务收入利润率为 1.92%，资产负债率为 75.52%。

二、调研概况

根据国家旅游局发布的 2013 年全国旅游投诉情况通报，2013 年全国各级旅游质监执法机构受理旅游投诉 11369 件，这些投诉涉及旅行社（占比 62.22%）、景区（占比 19.21%）、饭店（占比 11.78%）、旅游购物（占比 0.28%）、旅游交通（占比 0.61%）、餐饮（占比 0.38%）等多种旅游企业。可以看出，旅行社企业的"诚信缺失"问题在目前的整个旅游企业中尤显突出。而且，Y 企业作为一家国有旅游社，是典型的传统旅行社，因此，选取其作为实证案例是具备较强代表性的。

（一）问卷设计

根据第五章所建立的旅游企业诚信评价体系中的相关指标来进行问卷的设计，主要包括三部分，分别从企业员工、企业顾客以及相关监管部门三个视角进行，主要测量相关主体对旅游企业诚信行为的感知，采用李克特量表测量，1～5 分别表示从"非常不同意"到"非常同意"。其中，对监管部门视角的调查，是根据评价体系中的相关指标，制定评分细则，监管部门工作人员根据企业提供的原始材料，对照评分细则进行打分。为了避免问项出现模棱两可、含糊的表达，使得受访者产生歧义，在正式问卷调查前，进行了小范围的预调研，以保证问项含义的准确表达。

（二）调研实施与数据收集

研究选取 Y 企业作为代表，具体应用本研究设计的综合评价体系来对其企业诚信作出客观评价。笔者根据 Y 企业的规模以及前面所述的应收问卷比例，向 Y 企业的内部员工发放问卷 30 份，回收 29 份，问卷回收率为 97%，其中有效问卷 26 份，问卷有效率为 90%；对消费过 Y 企业旅游产品的顾客发放问卷 70 份，回收 66 份，问卷回收率为 94%，其中有效问卷 63 份，问卷有效率为 95%。调研游客的数量是员工数量的 2.3 倍，符合前文中要求的 2～3 倍这一规则。监管部门作为评价方的客观数据由 Y 企业提交，经旅游企业的相关管理部门对其资料进行资格审核后，请监管部门的人员对企业诚信作出相应的客观评价，根据本案例的实际情况，笔者请 6 位监管部门的工作人员对其进行评价。

三、诚信评价过程

以第五章模糊评价得出的相关结论为准，结合实际调研的数据，对 Y 企业的诚信状况做综合评价。其中，下文提到的隶属度矩阵 R_{ij} 的数据，是根据实际调研得来的，具体操作是：将所有问卷回收后，对每一个问题中被调查者选取 5 个等级的评价集，即 V=（v_1, v_2, v_3, v_4, v_5）={差，较差，一般，较好，好}各项的人数进行统计，并计算出相应的比例，从而得到各个一、二级评价指标的隶属度矩阵。需要注意的是，在实际调查问卷的设计中，这五个等级是用"非常不同意"到"非常同意"来进行表述的，其相对应的就是等级中的"差"到"好"，为了研究的方便，我们在实际计算中，用"差"到"好"这五个等级来代替。同时，下文中的 A 向量是根据第五章模糊评价得出的，即各个指标的权重，最终得到的 B=A×R 是一个含有 5 个元素的向量，即 B=（b_1, b_2, b_3, b_4, b_5）。其中，b_1、b_2、b_3、b_4、b_5 分别表示评价对象被认为差、较差、一般、较好、好 5 个等级各自所占的比重。

（一）评价方——员工视角

员工视角的旅游企业诚信评价主要包括 4 个二级指标、16 个三级指标，通过问卷调查与数据的收集，计算出16个三级指标分别隶属的4个二级指标即制度诚信、领导诚信、劳动合同履约、诚信文化的隶属度矩阵及不同评价等级所占的权重。

1. 制度诚信 B_{11}

制度诚信的隶属度矩阵 $R_{11i} = \begin{bmatrix} 0 & 0 & 0.04 & 0.27 & 0.69 \\ 0 & 0 & 0.04 & 0.54 & 0.42 \\ 0 & 0.04 & 0.12 & 0.27 & 0.57 \end{bmatrix}$

$B_{11} = A_{11i} \times R_{11i}$

$= (0.22 \quad 0.32 \quad 0.46) \times \begin{bmatrix} 0 & 0 & 0.04 & 0.27 & 0.69 \\ 0 & 0 & 0.04 & 0.54 & 0.42 \\ 0 & 0.04 & 0.12 & 0.27 & 0.57 \end{bmatrix}$

$= (0 \quad 0.02 \quad 0.08 \quad 0.36 \quad 0.54)$ （1）

2. 领导诚信 B_{12}

领导诚信的隶属度矩阵 $R_{12i} = \begin{bmatrix} 0 & 0 & 0.08 & 0.50 & 0.42 \\ 0 & 0.04 & 0.12 & 0.58 & 0.26 \\ 0 & 0.12 & 0.15 & 0.46 & 0.27 \\ 0 & 0 & 0.04 & 0.42 & 0.54 \\ 0 & 0 & 0.31 & 0.50 & 0.19 \end{bmatrix}$

$B_{12} = A_{12i} \times R_{12i}$

$= (0.28 \quad 0.18 \quad 0.25 \quad 0.15 \quad 0.14) \times \begin{bmatrix} 0 & 0 & 0.08 & 0.50 & 0.42 \\ 0 & 0.04 & 0.12 & 0.58 & 0.26 \\ 0 & 0.12 & 0.15 & 0.46 & 0.27 \\ 0 & 0 & 0.04 & 0.42 & 0.54 \\ 0 & 0 & 0.31 & 0.50 & 0.19 \end{bmatrix}$

$= (0 \quad 0.04 \quad 0.13 \quad 0.49 \quad 0.34)$ （2）

3. 劳动合同履约 B_{13}

劳动合同履约的隶属度矩阵 $R_{13i} = \begin{bmatrix} 0 & 0 & 0 & 0.08 & 0.92 \\ 0 & 0 & 0.04 & 0.23 & 0.73 \\ 0 & 0 & 0.04 & 0.35 & 0.61 \\ 0 & 0 & 0.12 & 0.23 & 0.65 \end{bmatrix}$

第六章 旅游企业诚信评价体系的应用

$B_{13} = A_{13i} \times R_{13i}$

$$= (0.26 \quad 0.20 \quad 0.21 \quad 0.33) \times \begin{bmatrix} 0 & 0 & 0 & 0.08 & 0.92 \\ 0 & 0 & 0.04 & 0.23 & 0.73 \\ 0 & 0 & 0.04 & 0.35 & 0.61 \\ 0 & 0 & 0.12 & 0.23 & 0.65 \end{bmatrix}$$

$= (0 \quad 0 \quad 0.06 \quad 0.23 \quad 0.71)$ （3）

4. 诚信文化 B_{14}

诚信文化的隶属度矩阵 $R_{14i} = \begin{bmatrix} 0 & 0.04 & 0 & 0.12 & 0.84 \\ 0.04 & 0 & 0 & 0.31 & 0.65 \\ 0 & 0 & 0.04 & 0.35 & 0.61 \\ 0.04 & 0 & 0.15 & 0.35 & 0.46 \end{bmatrix}$

$B_{14} = A_{14i} \times R_{14i}$

$$= (0.14 \quad 0.18 \quad 0.33 \quad 0.35) \times \begin{bmatrix} 0 & 0.04 & 0 & 0.12 & 0.84 \\ 0.04 & 0 & 0 & 0.31 & 0.65 \\ 0 & 0 & 0.04 & 0.35 & 0.61 \\ 0.04 & 0 & 0.15 & 0.35 & 0.46 \end{bmatrix}$$

$= (0.02 \quad 0.01 \quad 0.07 \quad 0.3 \quad 0.6)$ （4）

5. 员工视角 B_1

员工视角的隶属度矩阵 R_{1i} 是根据上文中员工评价企业的制度诚信向量 B_{11}、领导诚信向量 B_{12}、劳动合同履约向量 B_{13} 及诚信文化向量 B_{14} 这四个方面的评价结果总结出来的，同时结合第五章模糊评价中所得的员工视角中各个二级指标所占的权重，即向量 A_{1i}，最后得到 $B_1 = A_{1i} \times R_{1i}$，即员工视角的旅游企业诚信向量，代表了旅游企业员工对旅游企业诚信程度的评价。

员工视角的隶属度矩阵 $R_{1i} = \begin{bmatrix} 0 & 0.02 & 0.08 & 0.36 & 0.54 \\ 0 & 0.04 & 0.13 & 0.49 & 0.34 \\ 0 & 0 & 0.06 & 0.23 & 0.71 \\ 0.02 & 0.01 & 0.07 & 0.3 & 0.6 \end{bmatrix}$

根据（1）、（2）、（3）、（4）所得：

$B_1 = A_{1i} \times R_{1i}$

$$= \begin{pmatrix} 0.20 & 0.29 & 0.24 & 0.27 \end{pmatrix} \times \begin{bmatrix} 0 & 0.02 & 0.08 & 0.36 & 0.54 \\ 0 & 0.04 & 0.13 & 0.49 & 0.34 \\ 0 & 0 & 0.06 & 0.23 & 0.71 \\ 0.02 & 0.01 & 0.07 & 0.3 & 0.6 \end{bmatrix}$$

$$= \begin{pmatrix} 0 & 0.02 & 0.09 & 0.35 & 0.54 \end{pmatrix} \tag{5}$$

从企业员工视角对旅游企业诚信评价来看，所得到的等级向量 B_1 在等级"较好"和"好"上所占的比重达到了 89%，充分说明从企业员工视角看该旅游企业的诚信程度，评价是较高的。

（二）评价方——游客视角

游客视角的旅游企业诚信评价主要包括 3 个二级指标、12 个三级指标，通过问卷调查与数据的收集，计算出 12 个三级指标分别隶属的 3 个二级指标，即员工诚信、信息宣传合规、品牌信用的隶属度矩阵及不同评价等级所占的权重。

1. 员工诚信 B_{21}

员工诚信的隶属度矩阵 $R_{21i} = \begin{bmatrix} 0 & 0 & 0.05 & 0.13 & 0.82 \\ 0 & 0 & 0.10 & 0.06 & 0.84 \\ 0 & 0.02 & 0.03 & 0.11 & 0.84 \\ 0.02 & 0 & 0.03 & 0.03 & 0.92 \end{bmatrix}$

$B_{21} = A_{21i} \times R_{21i}$

$$= \begin{pmatrix} 0.22 & 0.31 & 0.25 & 0.22 \end{pmatrix} \times \begin{bmatrix} 0 & 0 & 0.05 & 0.13 & 0.82 \\ 0 & 0 & 0.10 & 0.06 & 0.84 \\ 0 & 0.02 & 0.03 & 0.11 & 0.84 \\ 0.02 & 0 & 0.03 & 0.03 & 0.92 \end{bmatrix}$$

$$= \begin{pmatrix} 0.005 & 0.005 & 0.06 & 0.08 & 0.85 \end{pmatrix} \tag{6}$$

2. 信息宣传合规 B_{22}

信息宣传合规的隶属度矩阵 $R_{22i} = \begin{bmatrix} 0 & 0.02 & 0.05 & 0.19 & 0.74 \\ 0 & 0 & 0.08 & 0.17 & 0.75 \\ 0 & 0.03 & 0.06 & 0.10 & 0.81 \\ 0.02 & 0.05 & 0.06 & 0.11 & 0.76 \end{bmatrix}$

$B_{22} = A_{22i} \times R_{22i}$

$$= \begin{pmatrix} 0.30 & 0.19 & 0.26 & 0.25 \end{pmatrix} \times \begin{bmatrix} 0 & 0.02 & 0.05 & 0.19 & 0.74 \\ 0 & 0 & 0.08 & 0.17 & 0.75 \\ 0 & 0.03 & 0.06 & 0.10 & 0.81 \\ 0.02 & 0.05 & 0.06 & 0.11 & 0.76 \end{bmatrix}$$

$$= \begin{pmatrix} 0.005 & 0.03 & 0.06 & 0.14 & 0.765 \end{pmatrix} \tag{7}$$

3. 品牌信用 B_{23}

品牌信用的隶属度矩阵 $R_{23i}=\begin{bmatrix} 0 & 0.08 & 0.08 & 0.16 & 0.68 \\ 0 & 0.03 & 0.05 & 0.13 & 0.79 \\ 0 & 0 & 0.10 & 0.14 & 0.76 \\ 0 & 0 & 0.10 & 0.14 & 0.76 \end{bmatrix}$

$B_{23} = A_{23i} \times R_{23i}$

$= (0.19 \quad 0.22 \quad 0.28 \quad 0.31) \times \begin{bmatrix} 0 & 0.08 & 0.08 & 0.16 & 0.68 \\ 0 & 0.03 & 0.05 & 0.13 & 0.79 \\ 0 & 0 & 0.10 & 0.14 & 0.76 \\ 0 & 0 & 0.10 & 0.14 & 0.76 \end{bmatrix}$

$= (0 \quad 0.02 \quad 0.09 \quad 0.14 \quad 0.75)$ （8）

4. 游客视角 B_2

游客视角的隶属度矩阵 R_{2i} 是根据上文中游客评价企业的员工诚信向量 B_{21}、信息宣传合规向量 B_{22}、品牌信用向量 B_{23} 这三个方面的评价结果总结出来的，同时结合第五章模糊评价中所得的游客视角中各个二级指标所占的权重，即向量 A_{2i}，最后得到 $B_2 = A_{2i} \times R_{2i}$，代表了游客对旅游企业诚信程度的评价。

游客视角的隶属度矩阵 $R_{2i}=\begin{bmatrix} 0.005 & 0.005 & 0.06 & 0.08 & 0.85 \\ 0.005 & 0.03 & 0.06 & 0.14 & 0.765 \\ 0 & 0.02 & 0.09 & 0.14 & 0.75 \end{bmatrix}$

根据（6）、（7）、（8）所得：

$B_2 = A_{2i} \times R_{2i}$

$= (0.38 \quad 0.25 \quad 0.37) \times \begin{bmatrix} 0.005 & 0.005 & 0.06 & 0.08 & 0.85 \\ 0.005 & 0.03 & 0.06 & 0.14 & 0.765 \\ 0 & 0.02 & 0.09 & 0.14 & 0.75 \end{bmatrix}$

$= (0.01 \quad 0.01 \quad 0.07 \quad 0.12 \quad 0.79)$ （9）

从游客视角对旅游企业诚信评价来看，所得到的等级向量 B_2 在等级"较好"和"好"所占的比重达到了91%，充分说明从游客视角评价旅游企业的诚信程度是较高的。但是，仍然不能忽视的是，少量的游客在员工诚信和信息宣传合规上出现了"差"的选择，说明该旅游企业在这两部分未来仍有改进与完善的空间。

（三）评价方——监管部门视角

监管部门作为旅游企业诚信评价的一个主体，其对旅游企业诚信的评价主要是从宏观层面进行的，在对旅游企业诚信与否的评价内容中涉及一些旅游企业的客观数据，主要表现在旅游企业诚信中经济信用这一维度，为此本研究根据第四章对旅游企业经济信用的具体内涵的解释，搜集了 Y 企业的相关财务指标及旅游企业行业中各个财务指标的平均水平,并将两者进行合理的比较分析,从而制定针对旅游企业经济信用的评价标准。

1. 经济信用 B_{31}

根据前文所述"经济信用"的内涵,结合企业实际经营中各财务指标的重要程度,总结出监管部门对旅游企业的经济信用进行评价时,所需参考的评价细则如表6.1所示。

表6.1 经济信用的评价细则

三级指标	具体财务指标	财务指标含义	旅游企业的行业平均水平	Y企业相应的指标值(跟行业平均水平相比的差额比)
营运能力	流动资产周转率	流动资产周转率=主营业务收入净额/平均流动资产总额 流动资产周转率是评价企业资产利用率的一个重要指标,反映了企业流动资产的周转速度。一般情况下,该指标越高,表明企业流动资产周转速度越快,利用越好 主营业务收入净额数值取自《利润及利润分配表》。平均流动资产总额是指企业流动资产总额的年初数与年末数的平均值,数值取自企业《资产负债表》。平均流动资产总额=(流动资产年初数+流动资产年末数)/2	4.57%	2.47% (-46.0%)
	总资产周转率	总资产周转率=主营业务收入净额/平均资产总额 总资产周转率是企业主营业务收入净额与资产总额的比率。它可以用来反映企业全部资产的利用效率。其中平均资产总额=(期初资产总额+期末资产总额)÷2。该周转率高,说明全部资产的经营效率高,取得的收入多;该周转率低,说明全部资产的经营效率低,取得的收入少	3.10%	2.24% (-29.7%)
获利能力	总资产报酬率	总资产报酬率=(利润总额+利息支出)/平均资产总额 总资产报酬率是企业一定时期内总资产报酬率获得的报酬总额与资产平均总额的比率。它表示企业包括净资产和负债在内的全部资产的总体获利能力,用以评价企业运用全部资产的总体获利能力,是评价企业资产运营效益的重要指标。该指标越高,表明企业投入产出的水平越好	3.46%	1.16% (-66.5%)
	主营业务收入利润率	主营业务收入利润率=主营业务利润/主营业务收入净额 主营业务利润率指标反映了每元主营业务收入净额给企业带来的利润。该指标越大,说明企业经营活动的盈利水平较高	4.17%	1.92% (-54.0%)

续表

三级指标	具体财务指标	财务指标含义	旅游企业的行业平均水平	Y企业相应的指标值（跟行业平均水平相比的差额比）
偿债能力	资产负债率	资产负债率=负债总额/资产总额 它表示企业资产总额中，债权人提供资金所占的比重以及企业资产对债权人权益的保障程度。一般情况下，企业负债经营规模应控制在一个合理的水平，负债比重应掌握在一定的标准内	59.09%	75.52% （27.8%）
	流动比率	流动比率=流动资产/流动负债 流动比率是流动资产与流动负债的比率，表示企业每元流动负债有多少流动资产作为偿还的保证，反映了企业的流动资产偿还流动负债的能力。一般情况下，流动比率越高，反映企业短期偿债能力越强，因为该比率越高，不仅反映企业拥有较多的营运资金抵偿短期债务，而且表明企业可以变现的资产数额较大，债权人的风险越小。但是，过高的流动比率并不均是好现象 从理论上讲，流动比率维持在2:1是比较合理的。但是，由于行业性质不同，流动比率的实际标准也不同	129.72%	121% （-6.7%）
发展能力	销售增长率	销售增长率=今年主营业务收入增长额/上年主营业务收入总额 该指标是评价企业成长状况和发展能力的重要指标，是衡量企业经营状况和市场占有能力、预测企业经营业务拓展趋势的重要标志，也是企业扩张增量和存量资本的重要前提。不断增加的主营业务收入，是企业生存的基础和发展的条件。该指标若大于零，表示企业本年的销售（营业）收入有所增长，指标值越高，表明增长速度越快，企业市场前景越好；若该指标小于零，则说明企业市场份额萎缩	6.65%	-6.35% （-195.5%）
	资本积累率	资本积累率=本年所有者权益增长额/年初所有者权益 资本积累率可以表示企业当年资本的积累能力，是评价企业发展潜力的重要指标。该指标是企业当年所有者权益总的增长率，反映了企业所有者权益在当年的变动水平。资本积累率体现了企业资本的积累情况，是企业发展强盛的标志，展示了企业的发展活力。该指标越高，表明企业的资本积累越多，持续发展的能力越大。该指标如为负值，表明企业资本受到侵蚀，所有者利益受到损害，应予充分重视	14.15%	11.15% （-21.2%）

表格来源：本研究整理。

本研究根据表 6.1 的评分所需参考的细则，并参考《中央企业综合绩效评价实施细则》（国资发评价〔2006〕157 号）文件，对评价旅游企业经济信用等级制定了相应的评分表，如表 6.2 所示。

表 6.2　旅游企业经济信用评价打分表

经济信用维度	财务指标名称	评价标准	评价结果
B_{311} 营运能力	流动资产周转率	跟行业平均水平相当，上下浮动不超过 10%，则将该指标评分为 3	1
	总资产报酬率	指标高于行业平均水平 10%~30%的情况，则评分为 4 指标高于行业平均水平 30%以上的则评分为 5	2
B_{312} 获利能力	总资产周转率	指标低于行业平均水平 10%~30%的情况，则评分为 2 指标低于行业平均水平 30%以上，则评分为 1 注：	1
	主营业务收入利润率	其中财务指标资产负债率按上述规则反向推理，即越高于行业平均水平则得分越低，越低于行业平均水平则得分越高，但前提是企业的资产负债率在一定的合理范围之内 流动比率在合理的范围内也按上述规则进行打分	1
B_{313} 偿债能力	资产负债率		2
	流动比率		3
B_{314} 发展能力	销售增长率		1
	资本积累率		2

根据表 6.2 得出的评价结果，按第五章模糊综合评价的内容，即可得出经济信用的隶属度矩阵 R_{31i}，再根据第五章模糊评价得到的综合评价指标体系中经济信用各个三级指标的权重，即向量 A_{31i}，最终得到的 $B_{31}=A_{31i}×R_{31i}$。

经济信用的隶属度矩阵 $R_{31i}=\begin{bmatrix}0.5 & 0.5 & 0 & 0 & 0\\1 & 0 & 0 & 0 & 0\\0 & 0.5 & 0.5 & 0 & 0\\0.5 & 0.5 & 0 & 0 & 0\end{bmatrix}$

$B_{31}=A_{31i}×R_{31i}$

$=(0.22\quad 0.21\quad 0.24\quad 0.33)×\begin{bmatrix}0.5 & 0.5 & 0 & 0 & 0\\1 & 0 & 0 & 0 & 0\\0 & 0.5 & 0.5 & 0 & 0\\0.5 & 0.5 & 0 & 0 & 0\end{bmatrix}$

$=(0.485\quad 0.395\quad 0.12\quad 0\quad 0)$　　　　　　　　（10）

通过监管部门对 Y 企业诚信的经济信用的等级向量来看，其经济信用能力是较差的，"差"和"较差"两个等级的评价占 88%的权重。另外，通过将该旅游企业的相关财务数据指标与行业平均水平进行对比，我们也可以发现企业实现诚信的经济信用能力较差，特别是发展能力中的销售增长率，相比于行业平均水平差距较大。其次，该企业的营运能力和获利能力相比于行业平均水平来说比较低，这一方面的原因可能是由于线上旅行社企业的不断发展、中国旅行社"小、散、弱、差"的通病等行业大背景导致的，但是 Y 企业也应从自身存在的问题着手，努力提高企业的经济信用能力。

2. 持续诚信 B_{32}

根据前文所述"持续诚信"这一维度的内涵，结合企业实际经营处理问题的情况，总结出监管部门对旅游企业的"持续诚信"进行评价时所需参考的评价细则，如表 6.3 所示。

表 6.3　旅游企业持续诚信评价标准

持续诚信维度	评价标准
B_{321} 游客投诉反应速度	顾客因对企业的服务或产品不满而投诉企业时，企业对其投诉的接受态度及意识到自身服务失误所需的反映时间。若企业能做到顾客投诉，企业即时承诺处理失误，则评分为 5；若企业能在顾客投诉后，短时间内（2 小时以内）作出积极回应，承认自身服务失误，并承诺处理服务失误，则评分为 4；若企业在顾客投诉后，反应很被动，需要顾客重复抱怨才答应解决失误的情况，则评分为 3；若企业对顾客投诉不做出积极应对，抱着不了了之的态度，则评分为 2；若企业在顾客投诉后，不仅不承认自身服务失误，反而跟顾客争吵，推卸责任等，则评分为 1
B_{322} 游客投诉处理速度	企业面对顾客投诉且意识到自身服务失误后，积极采取各项服务补救措施的速度，主要表现在企业在承诺顾客处理服务失误后，到实际采取措施解决问题的时间的长短。此项标准依不同类型的旅游企业而不同，并不能有统一一致的标准，请评分主体视具体情况进行打分，如酒店在处理服务失误的速度上，一般会远比旅行社处理服务失误的速度及时
B_{323} 投诉解决状况	企业解决顾客投诉的成败情况。企业对顾客投诉解决的成功率在 95% 以上，则评分为 5；解决顾客投诉成功率在 90%~95% 之间，则评分为 4；解决顾客投诉成功率在 80%~90% 之间，则评分为 3；解决顾客投诉成功率在 70%~80% 之间，则评分为 2；解决顾客投诉成功率在 70% 及以下，则评分为 1
B_{324} 服务补救措施	企业在对客服务失误后，为了重新获取顾客对企业的满意及信任所采取的各类措施。企业若有一套成熟的服务补救制度，并且有效运用到实际的服务补救工作中，则评分为 5；企业的服务补救制度虽不健全，但企业能应用已有的各项服务补救措施很好地进行服务失误补救，则评分为 4；企业设置的服务补救措施较少，不能及时应对企业及顾客需求，则评分为 3；企业对处理服务失误的意识淡薄，鲜有服务补救措施，则评分为 2；企业完全没有设立任何的服务补救措施，则评分为 1

表格来源：本研究整理。

根据表 6.3 统计得出的各监管部门工作人员的评价结果，按第五章模糊综合评价的内容，即可得出持续诚信的隶属度矩阵 R_{32i}，再根据第五章模糊评价得到的综合评价指标体系中持续信用各个三级指标的权重,即向量 A_{32i} ,最终得到的 $B_{32}=A_{32i}×R_{32i}$ 。

$$持续诚信的隶属度矩阵 R_{32i}= \begin{bmatrix} 0 & 0.05 & 0.12 & 0.16 & 0.67 \\ 0 & 0.13 & 0.12 & 0.24 & 0.51 \\ 0 & 0.02 & 0.07 & 0.18 & 0.73 \\ 0.02 & 0.07 & 0.03 & 0.16 & 0.72 \end{bmatrix}.$$

$$B_{32}=A_{32i}×R_{32i}$$

$$=(0.20 \quad 0.21 \quad 0.25 \quad 0.34) × \begin{bmatrix} 0 & 0.05 & 0.12 & 0.16 & 0.67 \\ 0 & 0.13 & 0.12 & 0.24 & 0.51 \\ 0 & 0.02 & 0.07 & 0.18 & 0.73 \\ 0.02 & 0.07 & 0.03 & 0.16 & 0.72 \end{bmatrix}.$$

$$=(0 \quad 0.07 \quad 0.08 \quad 0.18 \quad 0.67) \tag{11}$$

3. 合规情况 B_{33}

根据前文所述"合规情况"的内涵,结合企业实际经营管理过程中的具体问题,总结出监管部门对旅游企业的合规情况进行评价时所需参考的评价细则,如表 6.4 所示。

表 6.4 旅游企业合规情况评价标准

合规情况维度	评价标准
B_{331} 公共媒体报道	在"公共媒体报道"这方面,本研究专指公共媒体对旅游企业经营过程中合规与否的相关报道。企业在公共媒体中获正面报道,如被作为行业的优秀典范获褒奖等正面报道,则评分为 5;企业在公共媒体报道中一直保持着无不良报道记录,则评分为 4;企业很少获公共媒体注意,但合规经营,则评分为 3;企业在公共媒体中出现客观负面报道,则评分为 2;企业受公共媒体谴责,则评分为 1
B_{332} 管理制度符合相关法律规范	企业有完善的管理制度,且符合国家的相关法律法规,则评分为 5;企业的管理制度不够健全完整,但已有制度都符合国家相关的法律法规,则评分为 4;企业没有设计相应的企业管理制度,则评分为 3;企业有完善的管理制度,但其中某些条例不符合国家的相关法律法规,则评分为 2;企业缺乏完善的管理制度,且某些管理条例不符合国家的相关法律法规,则评分为 1
B_{333} 合同履约率	企业建立了经济合同管理制度,除不可抗力、对方当事人违约以及依法变更、解除的合同外,合同履约率达 100%,则评分为 5;企业建立了完善的经济合同管理制度,但合同履约率在 95%以上,不足 100%,则评分为 4;企业建立的经济合同管理制度不健全,合同履约率在 90%~100%之间,则评分为 3;企业建立的经济合同管理制度不健全,合同履约率在 90%以下,则评分为 2;企业没有经济合同管理制度,则评分为 1
B_{334} 顾客投诉率	企业的顾客投诉率控制在 0.5%以内,则评分为 5;顾客投诉率在 0.5%~1%之间,则评分为 4;顾客投诉率在 1%~2%之间,则评分为 3;顾客投诉率在 2%~5%之间,则评分为 2;顾客投诉率在 5%以上,则评分为 1

续表

合规情况维度	评价标准
B_{335} 依法纳税情况	依法纳税的标准——照章纳税，不偷漏税；按期申报纳税，不迟报、不漏报；不造假账，不搞账外循环，及时向税务机关提供真实的财务核算情况；如实地向消费者提供发票，不虚开发票。企业完全符合上述标准，则评分为5；企业在上述标准方面没有原则性的错误，但有些方面稍有欠缺，则评分为4；企业若不能提供完整的纳税资料及完税证明，则评分为3；企业违反税收征管法，被税务机关处以责令限期改正或罚款的行政处罚记录，则评分为2；企业有偷税、漏税等违法行为，则评分为1。

表格来源：本研究整理。

根据上表统计得出的各监管部门工作人员的评价结果，按第五章模糊评价的内容，即可得出合规情况的隶属度矩阵 R_{33i}，再根据第五章模糊评价得到的综合评价指标体系中合规情况的各个三级指标的权重，即向量 A_{33i}，最终得到 $B_{33}=A_{33i}\times R_{33i}$。

$$合规情况的隶属度矩阵\ R_{33i}=\begin{bmatrix} 0 & 0 & 0 & 0.12 & 0.88 \\ 0 & 0 & 0 & 0.06 & 0.94 \\ 0 & 0 & 0 & 0.04 & 0.96 \\ 0 & 0 & 0 & 0.02 & 0.98 \\ 0 & 0 & 0 & 0.09 & 0.91 \end{bmatrix}$$

$$B_{32}=A_{33i}\times R_{33i}$$

$$=(0.12\ \ 0.18\ \ 0.21\ \ 0.29\ \ 0.19)\times\begin{bmatrix} 0 & 0 & 0 & 0.12 & 0.88 \\ 0 & 0 & 0 & 0.06 & 0.94 \\ 0 & 0 & 0 & 0.04 & 0.96 \\ 0 & 0 & 0 & 0.02 & 0.98 \\ 0 & 0 & 0 & 0.09 & 0.91 \end{bmatrix}$$

$$=(0\ \ 0\ \ 0\ \ 0.06\ \ 0.94) \tag{12}$$

通过监管部门对Y企业诚信合规情况的等级向量来看，合规情况信用能力是非常好的，"较好"和"好"两个等级的评价占100%的比重，说明该企业严格遵守国家相关法律法规的规定，在公共媒体的正面报道较多，并且合同履约能力、顾客投诉率、依法纳税的能力都较好。

4.企业声誉 B_{34}

根据前文所述"企业声誉"这一维度的内涵，结合企业的实际情况及顾客对企业的形象感知，总结出监管部门对旅游企业的企业声誉进行评价时所需参考的评价细则，如表6.5所示。

表 6.5　旅游企业的企业声誉评价标准

企业声誉维度	评价标准
B_{341} 等级资质（如 A 级评定）	取得省级以上行政管理部门、单位颁发的各种资质（包括金融机构、具有资质的中介组织信用评级），如 A 级纳税企业 获得金融机构或具有资质的中介组织信用评级认定，AAA 级、AA 级、A 级 获得有证据证明的省以上行政管理部门、单位颁发的有关产品质量和企业诚信经营的资质 国家对旅行社的 A 级评定、酒店的星级评定及景区的 A 级评定等 企业获得多项国家级及省级的资质认证，则评分为 5 企业获得多项省、市级的相关资质认证，则评分为 4 企业获得的资质认证较少（1～2 项），则评分为 3 企业未获得政府及行业颁发的各类资质，但正在积极申报的单位，则评分为 2 企业没有相关资质认证且不准备申请相关资质认证的，则评分为 1
B_{342} 获得相关认证（如"重合同守信用企业认证"）	主要指旅游企业获得相关认证，行政管理部门及行业组织颁发给企业的各项荣誉等，如被工商行政管理部门授予"重合同、守信誉"称号；消费者协会颁发的"百家信誉单位"；各级政府颁发的"先进集体"等 根据企业获得相关认证及荣誉称号的数量来进行评分，6 项及 6 项以上则评分为 5；4～5 项则评分为 4；2～3 项则评分为 3；1 项则评分为 2；无任何认证或荣誉称号则评分为 1

表格来源：本研究整理。

根据表 6.5 统计得出的各监管部门工作人员的评价结果，按第五章模糊评价的内容，即可得出企业声誉的隶属度矩阵 R_{34i}，再根据第五章模糊评价得到的综合评价指标体系中企业声誉各个三级指标的权重，即向量 A_{34i}，最终得到 $B_{34}=A_{34i}\times R_{34i}$。

企业声誉的隶属度矩阵 $R_{34i} = \begin{bmatrix} 0 & 0 & 0.08 & 0.17 & 0.75 \\ 0 & 0 & 0.05 & 0.36 & 0.59 \end{bmatrix}$

$$B_{34}=A_{34i}\times R_{34i}$$

$$=(0.47 \quad 0.53) \times \begin{bmatrix} 0 & 0 & 0.08 & 0.17 & 0.75 \\ 0 & 0 & 0.05 & 0.36 & 0.59 \end{bmatrix}$$

$$=(0 \quad 0 \quad 0.06 \quad 0.27 \quad 0.67) \tag{13}$$

5. 监管部门视角 B_3

监管部门视角的隶属度矩阵 R_{3i} 是根据上文中监管部门评价企业的经济信用向量 B_{31}、持续诚信向量 B_{32}、合规情况向量 B_{33} 及企业声誉向量 B_{34} 这四个方面的评价结果总结出来的，同时结合第五章模糊评价中所得的监管部门视角中各个二级指标所占的权重，即向量 A_{3i}，最后得到 $B_3=A_{3i}\times R_{3i}$。

第六章 旅游企业诚信评价体系的应用

监管部门视角的隶属度矩阵 $R_{3i}=\begin{bmatrix} 0.485 & 0.395 & 0.12 & 0 & 0 \\ 0 & 0.07 & 0.08 & 0.18 & 0.67 \\ 0 & 0 & 0 & 0.06 & 0.94 \\ 0 & 0 & 0.06 & 0.27 & 0.67 \end{bmatrix}$

根据（10）、（11）、（12）、（13）所得：

$B_3 = A_{3i} \times R_{3i}$

$= (0.19 \quad 0.31 \quad 0.27 \quad 0.23) \times \begin{bmatrix} 0.485 & 0.395 & 0.12 & 0 & 0 \\ 0 & 0.07 & 0.08 & 0.18 & 0.67 \\ 0 & 0 & 0 & 0.06 & 0.94 \\ 0 & 0 & 0.06 & 0.27 & 0.67 \end{bmatrix}$

$= (0.09 \quad 0.10 \quad 0.06 \quad 0.13 \quad 0.62)$ （14）

相比于从游客和企业员工视角的企业诚信评价，监管部门对 Y 企业的诚信程度评价相对较低，主要是由于经济信用程度拉低了整体的企业诚信评价，但是由于经济信用指标所占据的指标权重相对较低，因此，其总体的较好的诚信评价仍占 75%的比重（这里主要指"好"和"较好"两个等级的比重）。

（四）总体综合评价

Y 企业诚信总体综合评价的隶属度矩阵 R 是根据上文中得到的员工视角向量 B_1、游客视角向量 B_2 及监管部门视角向量 B_3 所得的，同时结合第五章模糊评价中所得的三个视角的一级指标所占的权重，即向量 A，最后得到 $B = A \times R$。

总体综合评价的隶属度矩阵 $R = \begin{bmatrix} 0 & 0.02 & 0.09 & 0.35 & 0.54 \\ 0.01 & 0.01 & 0.07 & 0.12 & 0.79 \\ 0.09 & 0.10 & 0.06 & 0.13 & 0.62 \end{bmatrix}$

根据（5）、（9）、（14）所得：

$B = A \times R$

$= (0.28 \quad 0.49 \quad 0.23) \times \begin{bmatrix} 0 & 0.02 & 0.09 & 0.35 & 0.54 \\ 0.01 & 0.01 & 0.07 & 0.12 & 0.79 \\ 0.09 & 0.10 & 0.06 & 0.13 & 0.62 \end{bmatrix}$

$= (0.03 \quad 0.03 \quad 0.07 \quad 0.19 \quad 0.68)$ （15）

根据本报告第五章模糊评价的内容，结合（15），可以计算出旅游企业 Y 通过综合评价后的得分，具体操作如下：

20×0.03+40×0.03+60×0.07+80×0.19+100×0.68=89.2

第三节 Y 企业诚信评价结果分析

通过使用本研究提出的旅游企业诚信评价体系对 Y 企业进行诚信评价，使用第五章的模糊综合评价法得出的总分为 89.2 分，根据旅游企业诚信评价等级表，Y 企业的诚信等级是 AA，诚信度为优。

在对 Y 企业的实证研究中我们发现，由于旅游企业诚信评价体系的指标数量较多，因此可能出现个别指标诚信度非常低，导致出现严重的"诚信缺失"现象，但是由于其所占的权重相对于整体较低，不会对旅游企业的整体信用评价产生较大的影响。比如，在对 Y 企业评价的监管部门视角中，经济信用指标相比于其他指标来说出现较低的情况，由于其所占的权重相对其他二级指标比较低，因此没有对整体的信用评级产生较大的影响。又如，国家旅游局在对全国百强旅行社的评选中，净资产、净利润小于或等于零的旅行社会被排除在百强名单之外，这些实践经历都警示我们需要对旅游企业诚信评价中的个别极端现象进行排除。因此，为了避免这种极端现象的出现破坏旅游企业诚信评价的公正公平度，在确定旅游企业诚信评价结果时，应该以旅游企业诚信评价体系的得分为基本依据，同时结合部分需要调整的事项内容进行。本研究借鉴企业诚信中对于这部分的研究，提出以下调整事项，如表 6.6 所示。

表 6.6 旅游企业诚信评价调整事项

序号	调整事项	具体内容
1	资产负债率	资产负债率大于 85%而小于 90%，诚信评价等级不超过 A 级 资产负债率大于 90%，诚信评价等级不超过 B 级 资产负债率大于等于 100%，诚信评价等级直接定为 C 级
2	主营业务收入利润率	如本期利润率为负，诚信评价等级不得超过 A 级 若连续两期及以上为负，诚信评价等级不得超过 BB 级
3	重大事故	企业凡在安全、环保、质量、侵权等方面出现重大事故或特别重大事故，造成严重后果的，不进行诚信评价，定为不诚信企业。被责令关闭及被依法吊销营业执照的企业；被吊销相关行政许可、取消资质的企业；构成犯罪，被依法追究刑事责任的企业，不进行诚信评价，直接定为不诚信企业
4	领导诚信	企业高层管理者作为其他企业法人代表，在过去 5 年中有严重失信行为或违法违规行为被责令关闭及被吊销营业执照或相关行政许可的，诚信评价结果可酌情调整
5	原始材料提供	企业凡在诚信评价过程中隐瞒事实或提供虚假材料的，根据影响程度调整诚信评价等级

资料来源：已有文献的研究整理[①]。

---
① 岳国震. 企业诚信评价体系构建研究[D]. 天津：天津大学，2011.

根据以上对相关指标和有关事项的调整，结合对 Y 企业的诚信评价，我们可以发现 Y 企业并不符合以上任何调整事项和指标，因此 Y 企业的诚信等级仍然是优。

第四节 本章小结

本节在已有研究的基础上，将研究得出的旅游企业诚信评价体系实际运用到 Y 企业的诚信评价中。虽然仅选取了一家旅行社作为旅游企业的代表进行研究，样本的数量有待进一步扩充，但是通过整个实证研究的过程，我们可以发现以下结论：

一方面，相比于以往的研究，本研究所提出的旅游企业诚信评价体系的实操性较强，评价指标所需要数据的可获取性较好，实证过程能够较好地向读者展示整个评价体系的使用，从而应用到实际的旅游企业诚信评价中去。另外，通过运用该诚信评价体系对企业诚信进行研究，也可以发现旅游企业在进行诚信经营中存在的问题，从而为企业实现诚信经营提供相应的发展方向与对策。

另一方面，通过实证研究发现，该旅游企业诚信评价体系的相关指标仍需要在实践中不断地进行检验使指标体系进一步完善，比如通过此次实证研究我们发现由于指标数量过多，个别重大的失信情况可能由于所占的权重较小，因此掩盖了企业整体诚信情况的评价。

第七章 结 语

本研究的主体分析及论证过程已经完成，本章将对主要研究结论及创新点进行总结，在此基础上对旅游企业诚信的主要利益相关者提出相关启示及未来发展建议，最后指出本研究的研究局限，并提出未来进一步的研究方向。

第一节 研究结论与创新点

自改革开放以来，我国旅游业得到长足的发展，国家政策的支持、人民生活水平的提高、闲暇时间的增多等都促进了旅游业的繁荣。尽管如此，媒体屡屡曝出旅游业中诚信缺失的现象，学界对该现象的研究也进一步充实。诚信缺失问题并非短期就能解决，树立诚信行为规范，加强对旅游业的规制，能在一定程度上减少诚信缺失现象。旅游企业作为旅游业健康运行的主体之一，监管部门对其经营行为的监督变得尤为重要，因此需要建立完善的旅游企业诚信评价体系。该体系的建立不仅有助于规范旅游企业的市场行为，也能为旅游者选择消费企业提供依据，形成良性循环。以往对旅游企业诚信评价体系的研究主要以定性研究为主，存在一定的局限性。

本研究着眼于旅游业发展过程中的热点问题——旅游企业诚信缺失，主要解决两大问题，即旅游企业诚信的内涵是什么？如何对旅游企业诚信进行科学的可操作的评估？因此，本研究从旅游企业诚信概念探究及结构维度探索入手，运用定性与定量相结合的方法，经过文献综述、质性研究、实地调研数据分析、模糊评价模型建立、实证研究等过程，建立了一套完善的、可操作性强的、科学的旅游企业诚信评价体系，旨在对我国旅游业诚信规范提供建设性意见。最终，研究结论和创新点总结如下：

结论一：旅游企业诚信的内涵具有其特殊性，由规范诚信、能力诚信、情感诚信三个基本维度构成。

由于旅游产品的无形性、生产与消费的同时性等特性，使得旅游产品的经营主体即旅游企业的诚信相对于其他企业诚信来说有其特殊性。另外，对旅游企业诚信概念的研究集中在对以往资料的总结，少有学者落实到实践中，因此对其内涵的解析可能存在概念不明晰及理解不全面的问题。为了更加清晰地界定旅游企业诚信与其他企业诚信的不同，以及更好地指导旅游企业诚信评价体系的建立，规范旅游市场秩序，促进旅游市场的健康发展，本研究基于利益相关者理论，在对以往文献回顾的基础上，采用扎根理论的质性研究方法，通过对 42 名访谈对象的访谈数据的收集，进行一级编码、主轴编码和选择性编码，最终总结出旅游企业诚信概念的三个维度，并建立了概念模型。

概念模型从利益相关者视角出发总结出了旅游企业诚信概念的维度，包括情感诚信（品牌信用、持续诚信）、能力诚信（员工诚信、领导诚信）、规范诚信（制度诚信、经济信用、合规情况）。其中，规范诚信是所有企业共有的基础性诚信；能力诚信是企业诚信实现的保证，决定着诚信的实现程度，是旅游企业诚信的关键；情感诚信是旅游企业诚信特殊性的集中体现，是企业诚信的提升，也是旅游企业的诚信建设过程中需要格外注重和考虑的。而三者与旅游企业诚信的内外部利益相关者的关系又形成了旅游企业诚信的实现机理。

旅游企业诚信概念的清晰界定，将旅游企业诚信与一般企业诚信进行了区分，找到其共性与差异，能够推动旅游企业诚信理论的更深入研究，促进旅游市场环境的进一步规范。

结论二：旅游企业诚信评价的主体具有多元化的特点，其评价体系是基于员工、游客、监管部门三方的视角综合形成的。

旅游企业诚信是一个无法直接观测和测量的潜变量，其涉及的利益相关主体较为复杂，因此对其进行评价需要科学的、操作性强的、合理的显示指标进行综合性测量。基于对以往文献研究的基础，发现大部分都是通过定性的研究方法进行简单的获取，缺乏一定的科学性和合理性，而部分通过定量研究确定的指标也缺乏一定的可操作性，实际资料的获取比较困难。因此，本研究在旅游企业诚信概念维度界定的基础上，从概念维度中分解出相应的指标形成问项池，综合运用扎根理论、德尔菲法、问卷调查、因子分析、聚类分析等定性和定量方法，在指标筛选与问卷分析的基础上，基于利益相关者理论分别从员工、游客、监管部门的视角，提出了旅游企业诚信评价的指标，三者之间相互补充形成了完整的评价体系。其中，员工视角的评价指标包括 16 个三级指标，游客视角包括 12 个三级指标，监管部门视角包括 15 个三级指标，初步构建了旅游企业诚信评价体系的指标。

另外，"诚信"本身是一个主观性很强的概念，带有一定的不确定性和模糊性，因此需要对旅游企业诚信的评价指标进行赋权，建立实操性、全面性的旅游企业诚信评价体系。本研究主要采用模糊综合评价法，对各项指标进行赋权。具体的旅游企业诚信评价体系如表 7.1 所示。

表 7.1 旅游企业诚信评价体系

一级指标	二级指标	三级指标
员工视角 u_1（0.28）	制度诚信 u_{11}（0.20）	企业制度完善 u_{111}（0.22）
		企业制度可操作性强 u_{112}（0.32）
		企业制度得到很好实施 u_{113}（0.46）
	领导诚信 u_{12}（0.29）	所有员工受到公平、公正待遇 u_{121}（0.28）
		为员工明确职业生涯规划 u_{122}（0.18）
		满足员工基本生活需求 u_{123}（0.25）
		提供良好工作环境 u_{124}（0.15）
		员工的自主权限大 u_{125}（0.14）
	劳动合同履约 u_{13}（0.24）	与员工签订合同具体清晰 u_{131}（0.26）
		与员工签订合同合法 u_{132}（0.20）
		与员工签订合同得到很好履行 u_{133}（0.21）
		按时发放工资 u_{134}（0.33）
	诚信文化 u_{14}（0.27）	诚信服务宗旨 u_{141}（0.14）
		培训诚信理念 u_{142}（0.18）
		鼓励诚信行为 u_{143}（0.33）
		诚信考核标准 u_{144}（0.35）
游客视角 u_2（0.49）	员工诚信 u_{21}（0.38）	员工工作表现诚恳 u_{211}（0.22）
		员工不诱导及欺诈游客 u_{212}（0.31）
		员工服务态度好 u_{213}（0.25）
		员工不索要小费 u_{214}（0.22）
	信息宣传合规 u_{22}（0.25）	宣传信息真实 u_{221}（0.30）
		明确所含产品项目 u_{222}（0.19）
		明确自费项目 u_{223}（0.26）
		营销宣传不违反法律法规 u_{224}（0.25）
	品牌信用 u_{23}（0.37）	价格合理 u_{231}（0.19）
		企业尽到安全提醒的职责 u_{232}（0.22）
		企业关心顾客的利益 u_{233}（0.28）
		企业提供优质产品和服务 u_{234}（0.31）
监管部门视角 u_3（0.23）	经济信用 u_{31}（0.19）	营运能力 u_{311}（0.22）
		获利能力 u_{312}（0.21）
		偿债能力 u_{313}（0.24）
		发展能力 u_{314}（0.33）
	持续诚信 u_{32}（0.31）	游客投诉反应速度 u_{321}（0.20）
		游客投诉处理速度 u_{322}（0.21）
		投诉案例解决情况 u_{323}（0.25）
		服务补救措施 u_{324}（0.34）

续表

一级指标	二级指标	三级指标
	合规情况 u_{33}（0.27）	遵守行业规范 u_{331}（0.12）
		管理制度符合相关法律规范 u_{332}（0.18）
		合同违约率 u_{333}（0.21）
		顾客投诉率 u_{334}（0.29）
		依法纳税情况 u_{335}（0.19）
	企业声誉 u_{34}（0.23）	等级资质(如 A 级评定) u_{341}（0.47）
		获得相关认证(如"重合同守信用企业认证") u_{342}（0.53）

资料来源：本研究整理。

结论三：旅游企业诚信评价体系不仅仅是旅游监管部门的一种监督工具，同时也为其他利益相关者如旅游企业、员工、游客等提供更加全面的信息。

旅游企业诚信牵涉到多方利益相关主体，其中包括旅游企业实现诚信的主体即旅游企业，也包括股东、员工在内的内部利益相关者，以及政府、游客、社区、供应商在内的外部利益主体。如今旅游企业出现"诚信缺失"的问题，一方面是由于政府监管的缺失；另一方面是由于企业的不诚信行为没有得到及时的传播和通报，信息的不对称使得整个旅游市场中出现恶性竞争的现象。因此，建立完善、全面、可操作性强的旅游企业诚信评价体系，不仅能够为旅游企业国家旅游监管部门提供更加全面和可靠的信息，企业也可针对其诚信评价中得分较低的指标进行有目标性的改进和发展，国家旅游监管部门能及时对旅游企业进行监管。对于旅游者来说，有利于其更加放心针对旅游企业的诚信度选择旅游产品，促进旅游市场的良性竞争，减少目前市场上不合理低价现象的出现，促进旅游市场的健康有序发展，解决旅游企业的"诚信缺失"问题。

结论四：旅游企业诚信的评价可以直接通过发放问卷进行测量，但是也需要结合对个别指标极端事项的考察。

为了进一步证明本研究所提出的旅游企业诚信评价体系的实操性，本研究最后采用实证研究方法，对 Y 企业的诚信进行评价，综合评价得分主要依据评分细则及问卷调查结果得到。其中，企业员工的调研数量确定为企业全体员工数量的 20%，企业顾客的调研数量为企业员工调研数量的 2~3 倍，监管部门的调研数量为 5 份左右即可。通过对问卷收集的数据进行分析，结合旅游企业诚信评价体系的模糊综合评分法，最终计算出该旅游企业的诚信得分是 89.2 分，根据旅游企业诚信等级表，其诚信等级为 AA，诚信度为优。如上所述，依据本研究提出的旅游企业诚信评价体系，可以通过问卷调查、监管部门评分等方式对旅游企业诚信进行评价，具有较好的实操性。但是，由于旅游企业诚信评价体系的指标数量较多，因此可能出现个别指标出现极端情况即诚信度非常低，导致出现严重的"诚信缺失"行为，但是由于其所占的权重相对于整体较低，不会对旅游企业的整体信用评价产生较大影响。因此，在对旅游企业进行诚信评价时，还需结合部分需要调整指标或事项内容。

第二节 启示与建议

本研究的研究问题是针对旅游业中企业的诚信缺失问题而提出的，在利用扎根理论的方法探究了旅游企业诚信的概念及内涵结构后，进一步建立了旅游企业诚信评价体系。在分析影响游客、员工及监管部门对旅游企业诚信评价的主要因素时，可以看出游客、员工及监管部门关注的旅游企业诚信视角是有所差别的，三方相互补充形成了完整的评价体系。结合本研究的结论，本节将针对旅游企业、游客以及监管部门提出本研究的管理启示及建议。

一、对旅游企业的建议

旅游企业诚信是旅游企业对内外部利益相关者履行契约、兑现承诺的实际行为，也是一个动态的行为过程。旅游企业作为企业实现诚信的主体，一方面，需要诚信的市场环境，从而实现企业可持续的运营和发展；另一方面，内外部利益相关者的行为又对旅游业市场环境的诚信有着重要的影响。以下将基于旅游企业诚信评价体系，对旅游企业的诚信经营提出建议，以促进旅游企业可持续发展，促进旅游市场的整体健康发展。

（一）严格遵守国家法律法规，健全并落实企业内部制度

规范诚信是旅游企业诚信最基本的组成部分，旅游企业在严格遵守国家有关法律法规的基础上，以诚信为中心建设完善企业内部的管理制度和规章体系，包括为实现企业领导诚信和正确决策的企业诚信监督机制、为保证游客及员工合法权益的完善的合同制度（必须说明所有隐含条件，保证公平公正）、为保证员工权益增强员工对企业的忠诚度的民主决策制度等。在完善的企业内部诚信制度的基础上，还应积极推进旅游企业制度的落实，不能使制度成为摆设。

（二）加强企业诚信文化建设，开展诚信教育

企业要树立诚信经营的理念和价值观。旅游企业诚信不仅仅是针对游客，更是针对企业内部员工。由于旅游产品生产与消费同时的特殊性，员工的履约意愿、能力等也会影响游客对旅游企业诚信的感知，员工作为旅游企业服务的主要提供者和企业形象与品牌的传递者，会对旅游企业的诚信经营产生重要的影响。因此，加强旅游企业诚信文化建设，一方面，企业领导应该以身作则，要遵守与员工签订的劳动合同，履行相关责任和义务，并加强对企业员工的人性化关怀，提升员工对旅游企业忠诚度，从而实现企业员工更深层次的情感诚信。另一方面，加强对员工的诚信教育，在企业

内部宣扬诚信文化，定期或不定期地组织管理人员及企业员工开展诚信相关活动，深化员工对于企业诚信的认知，使其诚信的理念贯穿落实到实际工作中去。

（三）加强对企业员工的激励和约束

旅游企业的劳动密集性凸显了员工作为内部利益相关者的重要性，其诚信意愿、能力、行为等直接关系到所提供产品和服务的质量。因此，旅游企业应重视对企业员工诚信行为的激励和约束。激励一词在心理学上指的是激发人的动机的心理过程，即通过某种外在的或内在的刺激，使人维持兴奋的积极状态。刘向红（2005）认为管理学中的激励，就是通过各种外部或内部的刺激，激发人的工作动机，调动人的积极性，开发人的潜能的过程[①]。它含有激发动机、鼓励行为、形成动力的意义。激励手段包括外在性（物质性激励、社会荣誉与信任等）和内在性（工作挑战性、成就感等）两种。对于旅游企业来说，一方面，可以通过建立奖励机制，对表现突出的企业员工的诚信行为给予物质性的奖励，并在企业内部进行通报表扬；建立合理的企业内部薪酬体系和社会福利保障体系。例如，旅行社企业出现许多不诚信行为的主要原因包括导游人员薪资水平及福利保障水平较低，因此其不得已通过自费回扣的形式获取生活来源，从而导致了"诚信缺失"问题频发的情况。另一方面，旅游企业应积极推行员工持股计划，努力为员工营造学习和成长的空间，增强员工的忠诚度，从而保障其服务水平和质量。

周建国、尹力（2004）指出制度约束机制是最有效、最稳定性的信任约束机制，可以克服时空的限制，具有普遍意义的特征[②]。对于旅游企业来说，对员工诚信行为的约束包括企业规章制度约束、员工合同约束、员工声誉约束、法律约束等。不管是激励还是约束机制，都要把握好一定的"度"，只有在保证公正公平的情况下实行激励和约束制度，才能达到理想的效果，实现员工的诚信行为。

（四）加强企业诚信品牌建设与维护，增强风险应急机制建设

由于旅游产品的无形性，旅游企业诚信的情感诚信相比于其他类型的企业来说更为重要。游客无法实际感知到旅游产品，因此只能通过企业的品牌形象、声誉、口碑来进行选择和判断。郑也夫在《信任论》中指出："声誉是一个人、一个组织、一个机构的浓缩的历史……过去是确定的，将来是未知的，'现在'靠着与'过去'的连手，超越未来的不确定性在心理上造成的疑惑。"

一方面，加强旅游企业诚信品牌建设，塑造良好的品牌形象与声誉。在服务企业中，旅游企业的品牌形象作为一项无形资产，在企业的竞争和发展中扮演着越来越重要的角色。在信用经济时代，消费者们更愿意选择具有知名品牌的企业。良好的品牌形象意味着更好的产品服务与质量，能够使游客对无形的旅游产品产生信任感，从而形成对旅游企业品牌的忠诚度。因此，旅游企业要注重对企业品牌的建设，通过不断的诚信履约建立游客对企业的信任和品牌忠诚度。旅游企业也可借助国内外相关机构、政府对旅游企业的信誉评级，加强品牌形象的营销宣传。另外，根据中国旅游研究院

[①] 刘向红. 企业员工激励的作用及其方法[J]. 广西电业，2005（09）：25~28.
[②] 周建国，尹力. 信任与经济发展[J]. 生产力研究，2004（12）：73~76.

《中国旅行服务业发展报告》，2013年～2014年，国内游客获取信息的渠道发生了较大的变化，"朋友介绍"从原来的31%上升到50%，相比于网络论坛、传统媒体到旅行社咨询等这些渠道，人与人之间的信息共享在信息传播渠道中的地位越来越重要。因此，旅游企业应注重口碑营销在诚信品牌建设中的重要性。

另一方面，企业要增强风险应急机制的建设，对出现的不诚信行为进行及时的服务补救并进行持续的服务跟踪，以建立持续长久的旅游企业诚信。由于中国人口众多，"五一""十一"等小长假集中出游的现象持续发生，在重压下旅游企业由于疏忽等原因难免会有个别不诚信行为发生，因此，企业应增强风险应急机制的建设，及时对服务进行补救。张圣亮、高欢（2011）认为，服务补救方式对消费者情绪和行为意向的影响存在显著差别，其中主动补救对消费者正面情绪、口碑传播和重购意向的影响显著高于被动补救，而对消费者负面情绪的影响显著低于被动补救；获得服务补救消费者的正面情绪与口碑传播和重购意向呈显著正相关，而消费者负面情绪与口碑传播和重购意向呈显著负相关[①]。

二、对游客的建议

游客作为旅游企业实现诚信的客体，也作为"诚信缺失"问题的利益受害方，既受到旅游企业诚信问题的影响，也对旅游企业的诚信起着一定的监督作用。

（一）选择旅游企业之前，充分了解企业信息与诚信状况

由于游客与旅游企业之间的博弈属于不完全信息状况下的有限博弈，信息的不对称使得游客不能充分地对旅游产品的信息形成全面的感知。但是，随着互联网的不断发展，游客可以通过网络搜索、网络社区评论、网络口碑等途径了解旅游企业的诚信问题，而且互联网媒体的不断发展使得旅游企业的不诚信问题能够迅速在网上传播并被消费者了解。因此，游客在消费之前应当通过网络、周围朋友介绍等方式充分了解备选企业的诚信经营行为及游客评价，在此基础上作出判断和选择。同时企业的资质认证证明、中国旅游诚信网、相关旅游协会的企业资质认证等也都可以作为游客选择旅游企业的参考信息。

（二）学会利用法律途径维护自身的合法权益

游客应了解《旅游法》等相关的法律法规，与旅游企业签订合同前，明确合同中的条文，避免因合同描述不清、包含隐含条件等引起的合同纠纷事件，最大程度预防诚信缺失问题，提高防范意识。一旦遇到企业不诚信行为，应积极主动地向有关旅游监管部门进行投诉，通过法律途径维护自身的合法权益，绝不姑息、纵容旅游企业的不诚信行为。

---

① 张圣亮，高欢. 服务补救方式对消费者情绪和行为意向的影响[J]. 南开管理评论，2011，14（2）：37～43.

三、对政府部门的建议

市场信用问题并不纯粹是市场道德的问题,也需要市场规范。政府部门作为旅游企业诚信的监管部门,通过法律制度体系的完善、加大执法力度等,对提高旅游企业的诚信产生强大的法律威慑力,其在旅游市场的规范中也扮演着非常重要的角色。

(一)加强法律体制的完善,加大执法力度

在《旅游法》出台之前,规范旅游企业诚信行为的法律法规依赖于《消费者权益保护法》《旅游投诉处理办法》等,游客的权益受到侵害时,很难找到合适的解决方案,相关部门亦互相推诿责任,最终导致诚信缺失行为很难受到处罚,游客的权益得不到保护。《旅游法》的出台对相关旅游企业诚信缺失行为制定了详细的条文,但是现有的《旅游法》更多是对旅行社企业的相关经营行为进行规定,对于其他类型的旅游企业的市场行为缺乏完善的法律法规,导致一些法律盲点的出现。

另外,国家在对旅游企业的产权法律制度建设等方面仍然存在缺失。旅游企业产权问题是导致旅游企业"诚信缺失"的重要原因,郑向敏、吴继滨(2004)指出那些只注重短期利益最大化、不顾及长期利益的旅游企业,除了因为短期行为的外部性之外,根本原因在于我国的产权制度不合理,无法给企业所有者和经营者稳定的产权预期,导致一些旅游企业在明知种种诚信缺失行为是涸泽而渔的短期行为的情况下,仍然继续运作。由于游客与旅游企业的博弈是不完全信息下的有限博弈,使得旅游企业有条件欺诈旅游者,又由于产权制度的不合理使得旅游企业产生欺诈旅游者的动机,但是如果我国政府部门能够完善法律法规,依靠法律,旅游者能够积极主动地维护自身的合法权益,而旅游企业受到法律的威慑,对其不诚信行为也会形成一定的制约。因此,国家应加大对法律法规的完善,对旅游企业形成制约,使得企业面对短期利益和长期利益的冲突时,能主动积极地做出坚持诚信的行为。

在做到"有法可依"的基础上,政府还应加大执法力度,做到"有法必依、执法必严"。《旅游法》的出台虽然对相关旅游企业的市场行为从法律层面进行了规范,但是"诚信缺失问题"并没有得到实质性的改善,一部分也是因为法律法规并没有得到有效的执行。在市场规范的建设中,政府监管部门应加大检查力度,及时发现旅游企业的不诚信行为,并对企业的不诚信行为依法严惩,加大执法力度,利用法律的威慑力制约旅游企业的不诚信行为。

(二)逐步转变政府职能,发挥具有自律性质的行业组织协会的监管作用

随着我国旅游业的不断发展,旅游企业的诚信行为仅仅依靠政府部门的管理是远远不够的,必须发挥行业组织协会的力量对旅游企业的市场行为进行监督和管理。我国目前的旅游行业组织协会已经覆盖了旅行社业、饭店业、车船业等,根据不完全统计,截止到2012年,全国省以上旅游协会的会员单位近两万个,会员涵盖了国内大型旅游企业集团、国际旅行社、高星级饭店、世界自然文化遗产和著名旅游景区等,它们的资产规模和市场份额在我国旅游业的发展中占有举足轻重的地位,行业组织协会

数量增加、在旅游企业中的地位和能力的不断提升，使其在旅游产业的市场管理中能发挥的作用也越来越大。目前行业组织协会自律机制的缺乏，容易造成旅游企业间的不诚信，行业内企业不诚信行为通报制度的缺乏，使得部分旅游企业的不诚信行为没有在行业内及时披露。政府部门应逐步转变政府职能，将部分监管权力下放到行业组织协会，推动旅游行业组织协会逐步完善行业自律机制和相关行业规章制度，约束旅游企业的行为，对旅游企业定期进行审核考察，淘汰不诚信的旅游企业，积极维护游客及诚信企业的权益。另外，应逐步完善行业内信息通报制度，实现有效的行业监管。

（三）建设旅游企业诚信信息体系，实行旅游企业诚信奖惩制度

中国旅游诚信网的建立标志着中国旅游诚信信息化建设正在逐步发展起来。相比于以往，游客能更容易地获得相关企业的诚信记录信息，做出更好的判断。但是，目前的网站建设及维护依旧存在一些问题，例如网站的旅游企业评价系统并未发挥其应有的作用，旅游者对该网站的认知度并不高，旅游企业诚信档案建设不完善，这都是未来需要改善的问题。政府部门应加大对中国旅游诚信网的宣传力度，加深在游客及行业内、企业中的认知度，督促旅游企业建立诚信档案机制。此外，建设旅游企业诚信信息体系不仅局限于网站，社交媒体及公共平台也应该运用到信息公布中，扩大信息体系的传播及认可度，发挥其应有的作用。

第三节　不足及未来展望

本研究完成了对旅游企业诚信评价体系建设的工作，由于受数据可获取性等限制，仍然存在一定的局限性，需要在未来研究中做进一步的探索。

一、研究的不足

（一）调研样本的局限性

在采用扎根理论质性研究方法界定旅游企业诚信概念的部分，为了能够从利益相关者方面获取更多的有效和全面的信息，主要选取的是知识水平较高、且旅游经历丰富的访谈对象，因此样本的年龄层分布偏向年轻化，而且，为了实地调研的方便，调查对象集中在北方，尤其是京津冀地区，因此样本地域分布相对不均衡。同样在问卷调查部分，60岁及以上的老年旅游者样本数量较少，这对研究结果可能造成一定的影响，老年旅游者在旅游活动中有其一定的特殊性已经被相关研究证明，并且也在行业内得到认可，因此，未来需要进一步扩大样本容量，来弥补本研究样本上的局限。

（二）评价体系的指标有待改进

本研究虽然严格遵照科学规范的研究范式进行，在对已有文献回顾以及大量调研的基础上行，整个研究过程在理论方面符合量表编制的各项要求，总体来说是可以用来对旅游企业的诚信进行评价的，但是仍然需要根据实践的不断检验，通过旅游企业诚信评价的实践，对其内容做进一步的验证、检验和调整。

（三）实证分析的局限性

本研究在对构建的旅游企业诚信评价体系的实证研究中，由于受资料数据可获取性的限制，仅运用评价体系评价了一家旅行社，并得到了相应的评价等级，但是这并不能完全说明本研究中的评价体系的科学性、合理性及可操作性，未来需要扩大旅游企业的样本数量及类别，通过大样本的检验，进一步修正评价体系。

二、未来展望

（一）研究方法的改进

本研究在数据收集过程中，采取三方利益相关者数据分别收集的方法，未来研究中可以进行三方数据匹配收集，增强评价体系的科学性。另外，未来可以采用不同的时间段多次收集数据，用动态评价的方法对旅游企业诚信进行评价，加强评价结果的客观性。

（二）评价体系的推广研究

本研究中的旅游企业诚信评价体系是针对传统的旅行社、景区以及饭店业进行的，随着互联网信息技术以及旅游电子商务的不断发展，线上旅游企业的诚信问题也频频被曝光，影响了游客以及相关诚信企业的合法权益。而线上的旅游企业相比于传统的旅游企业来说也有其特殊性，如游客主要通过虚拟的网络与企业主体签订合同等，那么，线上的旅游企业的诚信评价体系相对于传统的旅游企业来说也应存在特殊性。另外，随着旅游行业多元化的发展，旅游产业多元化细分市场的出现，旅游企业的类型和种类不断增加。因此，在未来的研究中，旅游企业诚信评价体系对于线上旅游企业，以及除旅行社、景区及饭店业这些主流企业之外的旅游企业诚信的评价，如何进行推广性研究是理论界需要继续探讨的。

（三）旅游企业诚信信息化的管理研究

在对旅游企业诚信评价体系构建之后，如何将评价体系运用到实际的诚信评价工作中去，离不开旅游企业诚信信息化的管理研究。旅游企业诚信评价信息的采集、建立旅游企业诚信档案且实施诚信信息的网上发布、实施网络化企业诚信监管平台等，这都是未来旅游企业诚信信息化的管理研究需要解决的问题。

（四）其他相关理论的进一步探索

本研究集中对旅游企业诚信内涵及诚信评价体系的建设进行了探讨，但对旅游企业诚信对利益相关者的影响研究并未做探讨。在以往研究中，尽管有部分学者对游客感知旅游企业诚信对游客满意度、忠诚的影响进行了研究，但并未充分说明相关机制。

另外，基于构建的旅游企业诚信评价体系，如何建立旅游企业诚信管理机制的研究也是缺乏的。因此，未来研究可以从以下方面入手，员工感知旅游企业诚信对员工的影响、游客感知旅游企业诚信对游客的影响及诚信缺失事件对旅游企业的影响，基于旅游企业诚信评价体系的旅游企业诚信管理机制研究。

参考文献

一、中文参考文献

[1] 艾尔·巴比. 社会研究方法（第11版）[M]. 北京：华夏出版社，2009.

[2] 保继刚，古诗韵. 广州城市游憩商业区对城市发展的影响[J]. 地理科学，2002（4）：489～494.

[3] 蔡炯，田翠香，冯文红. 利益相关者理论在我国应用研究综述[J]. 财会通讯，2009（12）：51～54.

[4] 曾惠英. 酒店对利益相关者的社会责任初探[J]. 经济研究导刊，2013（34）：248～249.

[5] 陈爱兰，李明骞. 基于利益相关者理论的旅行社激励机制构建[J]. 内江科技，2007，28（10）：87～88.

[6] 陈宏辉. 企业利益相关者的利益要求理论与实证研究[M]. 北京：北京经济管理出版社，2004.

[7] 陈宏辉，贾生华. 企业利益相关者三维分类的实证分析[J]. 经济研究，2004（4）：32～36.

[8] 陈宏辉，王江艳. 企业成长过程中的社会责任认知与行动战略[J]. 商业经济与管理，2009（1）：51～58.

[9] 陈向明. 扎根理论的思路和方法[J]. 教育研究与实验，1999（4）：58～63.

[10] 陈向明. 质的研究方法与社会科学研究[M]. 北京：教育科学出版社，2000.

[11] 陈岩峰. 基于利益相关者理论的旅游景区可持续发展研究[D]. 成都：西南交通大学，2008.

[12] 陈永昶. 游客感知视角下旅游企业机会主义行为成因与影响研究[D]. 天津：南开大学，2012.

[13] 崔勋，张义明，瞿皎姣. 劳动关系氛围和员工工作满意度：组织承诺的调节作用[J]. 南开管理评论，2012，15（2）：19～30.

[14] 代鹤锋，袁净. 基于利益相关者视角的旅游企业社会责任研究[J]. 资源环境与发展，2010（2）：33～36.

[15] 戴美琪. 我国旅行社行业诚信危机的根源及对策分析[J]. 中南林业科技大学学报：社会科学版，2010，4（6）：68～71.

[16] 邓健，任文举. 诚信旅游企业测评体系研究[J]. 学术论丛，2009（1）：122～123.

[17] 邓雪，李家铭，曾浩健等. 层次分析法权重计算方法分析及其应用研究[J]. 数学的实践与认识，2012，42（7）：93～100.

[18] 多纳德逊，邓非著. 赵月瑟译. 有约束力的关系——对企业伦理学的一种社会契约论的研究[M]. 上海：上海社会科学院出版社，2001.

[19] 多娜·肯尼迪·格兰斯. 企业诚信管理工具与案例[M]. 北京：中国时代经济出版社，2007.

[20] 范中启. 旅游企业诚信他律机制初探[J]. 中国矿业大学学报（社会科学版），2005（1）：51～60

[21] 付俊文，赵红. 利益相关者理论综述[J]. 首都经济贸易大学学报，2006，8（2）：16～21.

[22] 弗朗西斯·福山. 信任：社会美德与创造经济繁荣[M]. 海南：海南出版社，2001.

[23] 高建芳. 旅游企业社会责任评价指标体系研究[D]. 北京：北京林业大学，2007.

[24] 郭炳宝，朱胜雪. 基于AHP的物流企业诚信评价[J]. 交通标准化，2008（1）：79～81.

[25] 郭金玉，张忠彬，孙庆云. 层次分析法的研究与应用[J]. 中国安全科学学报，2008，18（5）：148～153.

[26] 郭钧. 天津港口发展综合评价理论与方法研究[D]. 天津：天津大学，2004.

[27] 郭鲁芳. 旅游企业品牌战略探讨[J]. 旅游科学，2005（3）：20～23.

[28] 韩道品，玄云贵. 诚信问题多维度研究综述[J]. 山东师范大学学报（人文社会科学版），2003，48（4）：72～73.

[29] 郝旭光，黄人杰，刘延锋. 博弈论在上市公司诚信问题研究中的应用[J]. 财经科学，2003（5）：50～53.

[30] 郝云宏，曲亮，吴波. 企业经营绩效评价——基于利益相关者理论的研究[M]. 北京：机械工业出版社，2009.

[31] 胡斌. 两型社会视角下工业园区建设评价研究[D]. 长沙：中南大学，2012.

[32] 胡月英. 基于体验经济的旅游企业营销创新研究[J]. 经济管理，2007（24）：77～81.

[33] 黄静，王新刚，张司飞等. 企业家违情与违法行为对品牌形象的影响[J]. 管理世界，2010（5）：96～107.

[34] 贾生华，陈宏辉. 利益相关者的界定方法述评[J]. 外国经济与管理，2002，24（5）：13～18.

[35] 江若尘. 大企业利益相关者问题研究[M]. 上海：上海财经大学出版社，2004.

[36] 江若玫，靳云汇. 企业利益相关者理论与应用研究[M]. 北京：北京大学出版社，2009.

[37] 蒋婷，张峰. 游客间互动对再惠顾意愿的影响研究——基于游客体验的视角[J]. 旅游学刊，2013，28（7）：90~100.

[38] 焦国成. 关于诚信的伦理学思考[J]. 中国人民大学学报，2002（5）：2~7.

[39] 金惠红，陈许红，徐春芬. 旅游服务与管理的诚信评价指标体系构建研究[J]. 中国管理信息化，2010（15）：54~55.

[40] 金慧君，郭鲁芳，吴理俊. 国内旅游团利益相关者利益格局均衡发展模式探究[J]. 旅游科学，2005，19（5）：21~26.

[41] 亢剑锐. 旅行社信用指标构建与评估方法研究[D]. 成都：电子科技大学，2006.

[42] 康志杰，胡军. 诚信：传统意义与现代价值[M]. 北京：中国社会科学出版社，2004.

[43] 康志杰，姚延波. 旅游企业诚信评价研究进展及启示[J]. 征信，2014，32（2）：61~65.

[44] 黎春. 中国上市公司财务指数研究[D]. 成都：西南财经大学，2010.

[45] 李奋生. 我国传统"诚信"伦理与现代企业诚信文化建设[J]. 科技管理研究，2008，28（7）：292~293.

[46] 李林梅. 试论市场调查中问卷设计的几个基本原则[J]. 统计与信息论坛，2000（2）：45~47.

[47] 李美娟，陈国宏. 数据包络分析法（DEA）的研究与应用[J]. 中国工程科学，2003（6）：88~94.

[48] 刘丹. 利益相关者与公司治理法律制度研究[M]. 北京：中国人民公安大学出版社，2005.

[49] 刘俊海. 公司的社会责任[M]. 北京：法律出版社，1999.

[50] 刘雷，吴郭泉. 论旅游企业诚信[J]. 广西青年干部学院学报，2008，8（4）：70~72.

[51] 刘亮晴，严薇. 基于人工神经网络的投标单位资格预审评价法[J]. 重庆建筑大学学报，2005，27（4）：97~101.

[52] 刘平青，王雪，刘冉等. 领导风格对工作满意度的影响机理研究——以员工关系为中介变量[J]. 中国管理科学，2013（S1）：75~80.

[53] 刘向红. 企业员工激励的作用及其方法[J]. 广西电业，2005（9）：25~28.

[54] 李维安，王世权. 利益相关者治理理论研究脉络及其进展探析[J]. 外国经济与管理，2007，29（4）：10~17.

[55] 李晓燕. 基于数据包络分析的标杆管理理论与应用研究[D]. 南京：南京理工大学，2010.

[56] 李心合. 利益相关者与公司财务控制[J]. 财经研究，2001（9）：57～63

[57] 李正欢，郑向敏. 国外旅游研究领域利益相关者的研究综述[J]. 旅游学刊，2006（10）：85～91.

[58] 李中. 精益服务模式的概念性框架研究[D]. 天津：南开大学，2010.

[59] 李子叶，席酉民，尚玉钒等. 提高员工工作满意度机制的系统分析：和谐管理理论的启示与价值[J]. 南开管理评论，2008，11（4）：70～77.

[60] 罗伯特·F. 德威利斯. 量表编制：理论与应用（第2版）[M]. 重庆：重庆大学出版社，2010

[61] 罗宏，陈燕. 财务能力与企业核心能力的相关性[J]. 当代财经，2004（12）：109～111.

[62] 罗艳. 基于DEA方法的指标选取和环境效率评价研究[D]. 合肥：中国科学技术大学，2012.

[63] 吕波. 旅游企业信用缺失的道德治理[J]. 旅游学刊，2007，22（2）：84～88.

[64] 吕兴洋. 旅游分销渠道中旅游者权力研究[D]. 天津：南开大学，2013.

[65] 马秀娟. 旅游企业诚信体系的建设[J]. 赤峰学院学报：自然科学版，2009，25（1）：132～134.

[66] 牛雄鹰，高婕，秦冠州. 诚信管理[J]. 中国人力资源开发，2001（6）：54～55.

[67] 齐善鸿，吕波. 旅游企业信用危机与道德治理[J]. 理论探讨，2006（5）：80～82.

[68] 任建国. 论传统诚信及其现代转型[J]. 忻州师范学院学报，2010，26（6）：76～79.

[69] 沈鹏熠. 旅游企业社会责任对目的地形象及游客忠诚的影响研究[J]. 旅游学刊，2012，27（2）：72～79.

[70] 申志东. 运用层次分析法构建国有企业绩效评价体系[J]. 审计研究，2013（2）：106～112.

[71] 宋瑞. 我国生态旅游利益相关者分析[J]. 中国人口·资源与环境，2005，15（1）：36～41.

[72] 宋艳萍，王怡然. 基于旅游者的旅游诚信体系分析[J]. 服务经济，2007（9）：69～70.

[73] 孙建平，张春阳，田文红. 基于利益相关者视角下旅游景区管理的和谐共生机制探究——以九寨沟景区为例[J]. 旅游纵览（下半月），2014（2）：32～35.

[74] 孙伟，王卫明，曹诗图等. 旅游企业服务补救措施与游客满意度关系研究[J]. 旅游论坛，2010（6）：713～719.

[75] 谭中明，江红莉. 私营企业诚信评价指标体系设计、模型构建及其应用研究[J]. 学术论坛，2013，35（9）：139～143.

[76] 唐健雄，涂馨，H.Ferns. 领导社会责任取向对酒店员工工作满意度的影响[J].

旅游学刊，2013，28（3）：62～72.

[77] 田虹，袁海霞. 企业社会责任匹配性何时对消费者品牌态度更重要——影响消费者归因的边界条件研究[J]. 南开管理评论，2013，16（3）：101～108.

[78] 田晶. 旅行社诚信对游客感知价值、满意度及行为意向的影响研究[D]. 苏州：苏州大学，2006.

[79] 田喜洲，蒲勇健. 国内外旅游企业员工满意度与忠诚度研究述评[J]. 旅游科学，2007，21（2）：33～38.

[80] 万建华. 重视和加强我国商业银行流动性管理[J]. 中国金融，1998（6）：16～17.

[81] 汪立东. 城市旅游营销的绩效评价理论与方法研究[D]. 浙江：浙江大学，2008.

[82] 汪侠，刘泽华，张洪. 游客满意度研究综述与展望[J]. 北京第二外国语学院学报，2010，32（1）：22～29.

[83] 王波，章仁俊. 基于利益相关者理论的国内外旅游应用研究综述[J]. 特区经济，2008（7）：156～158.

[84] 王凤，林红. 海南旅游诚信机制的构建[J]. 经济管理，2003（15）：89～91.

[85] 王钢. 定量分析与评价方法[M]. 上海：华东师范大学出版社，2003.

[86] 王辉. 论企业诚信及其实现途径[J]. 征信，2009（2）：77～79.

[87] 王辉. 企业利益相关者治理研究——从资本结构到资源结构[M]. 北京：高等教育出版社，2005.

[88] 王佳欣. 游客参与对旅行社服务质量及游客满意度的影响——以京津冀地区为例[J]. 地域研究与开发，2012，31（2）：117～123.

[89] 王凯，唐承财，刘家明. 文化创意型旅游地游客满意度指数测评模型——以北京798艺术区为例[J]. 旅游学刊，2011，26（9）：36～44.

[90] 王丽华，张宏胜. 社区参与型旅游产品开发的"IDPC"模式研究——以非民族旅游地为例[J]. 财经问题研究，2004（6）：60～64.

[91] 王良健. 建立健全的旅游诚信服务评价体系[J]. 旅游学刊，2004，19（5）：6～7.

[92] 王书玲，郜振廷. 企业诚信内涵解析——兼论相关概念关系[J]. 中国商贸，2010（12）：222～223.

[93] 王涛. 利益相关者理论视角下的国有企业治理结构分析[J]. 生产力研究，2005（1）：154～156.

[94] 王小锡. 企业诚信及其实现机制——以"海尔"为例[J]. 伦理学研究，2003（6）：63～67.

[95] 王小燕. 基于模糊综合评价法的网络银行顾客信任模型研究[J]. 管理学报，2010，7（9）：1350～1357.

[96] 王迎利，苗泽华，李鸿飞等. 服务业诚信评价体系研究[J]. 石家庄经济学院

学报，2008，31（4）：59～62.

[97] 吴建华. 数字图书馆评价方法[M]. 北京：科学出版社，2009.

[98] 吴明隆. Spss 统计应用实务[M]. 北京：中国铁道出版社，2000.

[99] 吴明隆. 结构方程模型——Amos 实务进阶[M]. 重庆：重庆大学出版社，2013.

[100] 夏赞才. 利益相关者理论及旅行社利益相关者基本图谱[J]. 湖南师范大学社会科学学报，2003（3）：72～77.

[101] 肖荣智. 企业诚信与诚信企业[J]. 产业与科技论坛，2009，8（6）：228～229.

[102] 肖拥军，李必强. 国内利益相关者理论应用研究回顾[J]. 商业研究，2008（7）：36～39.

[103] 熊伟，吴必虎. 星级酒店利益相关者结构及其影响分析——以广州为例[J]. 旅游学刊，2007，22（4）：92～96.

[104] 徐涛. 旅游景区主要利益相关者分析[J]. 华商，2008（20）：44～38.

[105] 许彦华. 企业诚信文化基因研究[D]. 哈尔滨：哈尔滨工程大学，2013.

[106] 颜澄. 旅游企业诚信评价体系的构建[J]. 现代营销（学苑版），2010（11）：48～49.

[107] 杨方. 诚信内涵解析[J]. 道德与文明，2005（3）：24～26.

[108] 杨俭波，肖顺金. 当前我国自助游监管"空心化"的成因、根源及对策分析[J]. 人文地理，2007（3）：87～91.

[109] 杨瑞龙，周业安. 利益相关者理论及应用[M]. 北京：经济科学出版社，2000.

[110] 杨晓霞，李天德. 旅游信用初探[J]. 西南民族大学学报（人文社科版），2004，（10）：174～177.

[111] 姚延波，何蕾，张丹. 旅游企业诚信实现机制及其内在机理[J]. 现代财经：天津财经大学学报，2013，（9）：119～129.

[112] 姚延波，焦彦，胡宇橙等. 我国旅游企业诚信评价指标体系的构建[J]. 天津师范大学学报（社会科学版），2013（6）：30～34.

[113] 姚延波，张丹，何蕾. 旅游企业诚信概念及其结构维度——基于扎根理论的探索性研究[J]. 南开管理评论，2014，17（1）：113～122.

[114] 俞静. 关于对旅行社进行信誉评级的思考[J]. 旅游学刊，1996（5）：7～10.

[115] 岳国震. 企业诚信评价体系构建研究[D]. 天津：天津大学，2011.

[116] 张立建，甘巧林. 旅游形象定位词面面观及错误根源剖析[J]. 旅游学刊，2006，21（6）：48～51.

[117] 张丽靖. 旅游企业诚信机制建立初探[J]. 科技与经济，2006（4）：110～111.

[118] 张圣亮，高欢. 服务补救方式对消费者情绪和行为意向的影响[J]. 南开管理评论，2011，14（2）：37～43.

[119] 张维，郭鲁芳. 旅游景区门票价格调整的经济学分析——利益相关者理论视角[J]. 桂林旅游高等专科学校学报，2006，17（1）：44～47.

[120] 张伟，吴必虎. 利益主体（Stakeholder）理论在区域旅游规划中的应用——

以四川省乐山市为例[J]. 旅游学刊, 2004, 17 (4): 63~68.

[121] 张文静, 张宏梅. 旅游市场不诚信行为研究: 以安徽省旅行社为例[J]. 旅游学刊, 2013, 28 (5): 99~108.

[122] 张欣建, 吴国清. 城市旅游诚信体系及保障措施探讨[J]. 北京第二外国语学院学报 (旅游版), 2006 (5): 16~22.

[123] 张元萍. 中国信用理论与信用风险防范高级研讨会综述[J]. 经济学动态, 2002 (9): 51~54.

[124] 赵爱玲. 国内诚信研究综述[J]. 道德与文明, 2004 (1): 68~71.

[125] 郑赤建, 李建达. 产权式酒店核心利益主体研究——利益相关者理论视角[J]. 生态经济 (学术版), 2008 (1): 356~359.

[126] 郑磊. 现代诚信内涵刍议[J]. 现代管理科学, 2012 (9): 91~93.

[127] 郑美群, 杨盛莉. 数据包络分析法在高校学院绩效评价中的运用[J]. 东北师大学报 (哲学社会科学版), 2008 (5): 32~36.

[128] 郑仕华. 石林风景区主要利益相关者及其关系分析[J]. 技术与市场, 2007 (10): 86~88.

[129] 郑向敏, 吴继滨. 论旅游企业诚信经营的缺失[J]. 桂林旅游高等专科学校学报, 2004, 15 (2): 21~25.

[130] 郑晓容. 基于层次分析法的企业会计诚信模糊综合评价[J]. 财会通讯, 2007 (6): 24~25.

[131] 周建国, 尹力. 信任与经济发展[J]. 生产力研究, 2004 (12): 73~76.

[132] 周蕾蕾. 企业诚信领导对员工组织公民行为影响研究[D]. 武汉: 武汉大学, 2010.

[133] 朱月双. 基于利益相关者构建旅行社社会责任指标体系[J]. 中国商贸, 2014 (16): 125~126..

[134] 庄东泉. 试论旅游企业诚信评价体系的建设[J]. 社会科学家, 2006 (3): 121~123.

二、英文参考文献

[1]Attig, N., El Ghoul, S., Guedhami, O., Suh, J. Corporate Social Responsibility and Credit Ratings [J]. Journal of Business Ethics, 2013(4): 679-694.

[2]Barney G. Glaser. The Grounded Theory Perspective: Conceptualization Contrasted With Description[M].2001.

[3]Brenner S. N. Stakeholder theory of the firm: Its consistency with current management techniques [J]. Understanding Stakeholder Thinking, 1995(75): 96.

[4]Clark J. V., Jones P. J. S. Stakeholder decision analysis process; A Report of the Severn Estuary Strategy Workshops[J]. University College, London, 1998.

[5] Clarkson, M. A Stakeholder Framework for Analyzing and Evaluating Corporate Social Performance [J].Academy of Management Review, 1995, 20(1): 92-117.

[6] Charkham J. Corporate Governance: Lessons from Abroad[J]. European Business Journal, 1992, 4(2): 8-16.

[7] Clarkson, M. Arisk-based model of stakeholder theory. Proceedings of the Toronto Conference on Stakeholder Theory[C].Center for Corporate Social Performance and Ethies. University of Toronto, Toronto, Canada, 1994.

[8] Clarkson, M. A Stakeholder Framework for Analyzing and Evaluating Corporate Social Performance[J]. Academy of Management Review, 1995, 20(1): 92-117.

[9] Cihar M., Stankova J. Attitudes of stakeholders towards the Podyji/Thaya River Basin National Park in the Czech Republic[J]. Journal of Environmental Management, 2006, 81(3):273-85.

[10] Daryl Koehn, Integrity as a Business Asset[J]. Journal of Business Ethics, 2005(58): 125-136.

[11] Davis, A. L., & Rothstein, H. R. The effects of the perceived behavioral integrity of managers on employee attitudes: A meta-analysis[J]. Journal of Business Ethics, 2006, 67(4), 407-419.

[12] D. Brennan, A. Brabazon. Corporate bond rating using neural networks[C]. International Conference on Artificial Intelligence IC-AI'04 1, 2004:161-167.

[13] Donaldson T., Preston L. E. The stakeholder theory of the corporation: concepts, evidence, and implications[J]. Academy of Management Review, 1995, 20(1): 65-91.

[14] Ding D. Q., Liu W. Q. Enterprise Credit Evaluation System of Quality Technology Based on Rough Set and Variable Weight Synthesis[J]. Natural Science Journal of Hainan University, 2010.

[15] Erick Byrd, Larry Gustle, Using Decision Trees to identify tourism stakeholders: the case of two Eastern North Carolina countries[J]. Tourism and Hospitality Research, 2007, 7(34): 176-193.

[16] Frederick W. Business and Society: Corporate Strategy, Public Policy[J].New York: McGraw-Hill, 1988.

[17] Freeman R. E., Reed D. L. Stockholders and stakeholders: A new perspective on corporate governance[J]. California Management Review, 1983, 25(3): 88-106.

[18] Freeman R. E. Strategic management: A stakeholder approach[M]. Cambridge University Press, 1984.

[19] Freeman, R. E. & Evan, W. M. Corporate Governance: A Stakeholder Interpretation[J]. Journal of Behavioral Economics, 1990(19): 337-359.

[20] Freeman R. E. A stakeholder theory of the modern corporation[J]. Perspectives in Business Ethics Sie, 2001(3):144.

[21] Glaser, B. G. The grounded theory perspective: Conceptualisation contrasted with description[M]. Mill Valley: Sociology Press, 2002.

[22] Gordon T. J., Helmer-Hirschberg O. Report on a Long-Range Forecasting Study[M]. Report on a Long-range Forecasting Study[s.n.], 1964.

[23] Hajkova V., Hajek P. Analysis of regional innovation systems by neural networks and cluster analysis [J]. Communication and Management in Technological Innovation and Academic Globalization, 2010: 46-51.

[24] Hajek, P., & Michalak, K. Feature selection in corporate credit rating prediction [J]. Knowledge-Based Systems, 2013(51): 72-84.

[25] Hallowell M. R., Gambatese J. A. Qualitative research: Application of delphi method to CEM research[J]. Journal of Construction Engineering and Management, 2009, 136(1): 99-107.

[26] Hao X. U., Deng sheng W. U., Xie Y. Q. Study on Enterprise Credit Evaluation Based on PCA/FCM[J]. Technology Economics, 2007.

[27] Hill C. W. L., Jones T. M. Stakeholder - agency theory[J]. Journal of Management Studies, 1992, 29(2): 131-154.

[28] Jensen M. C., Meckling W. H. Theory of the firm: Managerial behavior, agency costs and ownership structure[J]. Journal of Financial Economics, 1976, 3(4): 305-360.

[29] Jensen M. Value Maximization, Stakeholder Theory, and the Corporate Objective Function[J]. Business Ethics Quarterly, 2010, 12(1): 32-42.

[30] Kreps D. M., Milgrom P., Roberts J., et al. Rational Cooperation in the Finitely-Repeated Prisoners' Dilemma[R]. Stanford Univcainst for Mathematical Studies in the Social Sciences, 1982.

[31] Kaptein M., Wempe JFDB. The balanced company: A theory of corporate integrity[M]. Oxford University Press, 2002.

[32] Kaptein M., Avelino S. Measuring corporate integrity: A survey-based approach[J]. Corporate Governance International Journal of Business in Society, 2005, 5(1):45-54.

[33] Kreps D. M., Milgrom P., Roberts J., et al. Rational cooperation in the finitely repeated prisoners' dilemma[J]. Journal of Economic Theory, 1982, 27(2):245-252.

[34] Langlois L. Corporate Integrity: Rethinking Organizational Ethics, and Leadership[J]. Relations Industrielles, 2005, 61(3):554-555.

[35] Mitchell, A. & Wood, D. Toward a theory of stakeholder identification and salience: Defining the principle of whom and what really counts[J]. Academy of Management Review, 1997, 22(4): 853-886.

[36] Martin Cihar, Jindriska Stankova, Attitudes of Stakeholders Towards the Podyji/ Thaya River Basin National Park in the Czech Republic[J].Journal of Environmental Management, 2006, (81): 273-285.

[37] Marvin T. Brown. Corporate Integrity and Public Interest: A Relational Approach to Business Ethics and Leadership[J]. Journal of Business Ethics, 2006(1): 11-18.

[38] Maxwell J. A. Understanding and Validity in Qualitative Research[J]. Harvard Educational Review, 1992, 62(3): 279-300.

[39] Mitchell R. K., Wood D. J. Toward a Theory of Stakeholder Identification and Salience: Defining the Principle of Who and What Really Counts[J]. Academy of Management Review, 1997, 22(4): 853-886.

[40] Maak T. Undivided corporate responsibility: Towards a theory of corporate integrity [J]. Journal of Business Ethics, 2008, 82(2):353-368.

[41] Petrick, J. A., Quinn, J. F. The challenge of leadership accountability for integrity capacity as a strategic asset[J]. Journal of Business Ethics, 2001, 34(3-4): 331-343.

[42] Petrick J. A. Sustainable Stakeholder Capitalism: A Moral Vision of Responsible Global Financial Risk Management.[J]. Journal of Business Ethics, 2011, 99(1 Supplement): 93-110.

[43] R. C. Hwang. Forecasting credit ratings with the varying-coefficient model[J]. Quantitative Finance (ahead-of-print), 2013: 1-19.

[44] Robson J., Robson I. From shareholders to stakeholders: Critical issues for tourism marketers[J]. Tourism Management, 1996, 17 (7): 533-540.

[45] Sako, M., Helper, S. Determinants of Trust in Supplier Relations: Evidence from the Automotive Industry in Japan and United-States[J]. Journal of Economic Behavior and Organization,1998, 34(3): 387-417.

[46] Strauss A.L., Corbin J. M. Basics of Qualitative Research: Grounded Theory Procedures and Techniques[J]. Newbury Park: Sage, 1990: 272.

[47] Sheehan L. R., Ritchie J. R. Destination Stakeholders: Exploring Identity and Salience [J]. Annals of Tourism Research, 2005, 32(3):711-734.

[48] Shin K. S., Han I. A case-based approach using inductive indexing for corporate bond rating[J]. Decision Support Systems, 2001, 32(1):41-52.

[49] Sundaram A. K., Inkpen A. C. Stakeholder Theory and The Corporate Objective Revisited: A Reply[J]. Organization Science, 2004, 15(3): 370-371.

[50] Walumbwa F. O., Avolio B. J., Gardner W. L., et al. Authentic leadership: Development and validation of a theory-based measure [J]. Journal of Management, 2008, 34(1): 89-126.

[51] Wheeler D., Sillanpa M. Including the stakeholders: the business case[J]. Long Range Planning, 1998, 31(2): 201-210.

[52] White, D. W., & Lean, E. The impact of perceived leader integrity on subordinates in a work team environment [J]. Journal of Business Ethics, 2008, 81(4): 765-778.

附　录

附录 A：关于旅游企业诚信评价的调查问卷（监管部门视角）

尊敬的先生/女士：

您好！非常感谢您抽出时间回答此份问卷。以下题目是从旅游行业管理部门（主要指旅游局，该部门负责对旅游企业诚信和服务质量进行监管）视角出发，判断以下指标能够准确衡量旅游企业诚信的程度。为了保证此次调查的真实性，本问卷完全以不记名的形式进行。问卷中所涉及的个人资料，仅供统计之用，不会用于其他目的，因此希望您如实填写。再次对您的参与和配合表示衷心感谢！

旅游企业诚信评价体系研究课题小组

第一部分：个人信息

下列问题请您放心填写，您的个人资料绝不对外公开。请您依据个人情况在相应的"＿＿＿"中打"√"。

1. 请问您的性别：＿＿＿男＿＿＿女
2. 请问您的出生年份是：＿＿＿＿＿年
3. 请问您的职业：＿＿＿监管部门员工＿＿＿企业领导＿＿＿专家/学者＿＿＿其他
4. 您来自＿＿＿＿＿省/直辖市

第二部分：对旅游企业诚信评价的调查

问卷采用 Linkert 五点量表，每个指标设立 5 个等级，1 代表指标合适程度最低，5 代表合适程度最高，数字越大代表该指标越能反映旅游企业诚信。请您根据下述指标反映旅游企业诚信的合适程度，选择相应选项。您的填写将提供给我们重要的信息，希望您不要漏填。谢谢您的合作！

一级指标	二级指标	非常不适合 ⇒ 非常适合				
制度诚信	企业制度可操作性	1	2	3	4	5
	企业制度完善程度	1	2	3	4	5
经济信用	银行评定信用等级	1	2	3	4	5
	营运能力	1	2	3	4	5
	获利能力	1	2	3	4	5
	偿债能力	1	2	3	4	5
	发展能力	1	2	3	4	5
合规情况	遵守行业规范	1	2	3	4	5
	管理制度符合相关法律规范	1	2	3	4	5
	合同违约率	1	2	3	4	5
	顾客投诉率	1	2	3	4	5
	依法纳税情况	1	2	3	4	5
	《旅游投诉举报案例季度通报》名单	1	2	3	4	5
	披露信息真实情况(如企业上报的财务数据等)	1	2	3	4	5
	年度十大旅游违规案例公布 获得相关认证(如"重合同守信用企业认证")	1	2	3	4	5
品牌诚信	等级资质(如A级评定等)	1	2	3	4	5
	不诚信经营记录	1	2	3	4	5
	媒体曝光负面信息	1	2	3	4	5
持续诚信	游客投诉反应速度	1	2	3	4	5
	游客投诉处理速度	1	2	3	4	5
	投诉案例解决情况	1	2	3	4	5

您对本问卷的建议：

_____

问卷到此结束，再次感谢您的合作！

附录B：旅游企业诚信评价——监管部门打分表

尊敬的先生/女士：

您好！非常感谢您抽出时间回答此份问卷。以下题目是想请教您对于所监管旅游企业的诚信状况的评价。为了保证此次调查的真实性，本问卷完全以不记名的形式进行。问卷中所涉及的个人资料，仅供统计之用，不会用于其他目的，因此希望您如实填写。再次对您的参与和配合表示衷心感谢！

旅游企业诚信评价体系研究课题小组

第一部分：评分指标

一级指标	二级指标	三级指标	三级指标说明
监管部门视角	经济信用	营运能力	反映的是企业资产的运营效率，主要用流动资产周转率、总资产周转率等指标来衡量
		获利能力	指企业资本增值的能力，通常是通过总资产报酬率、主营业务收入利润率等指标来衡量
		偿债能力	企业及时向供应商、债权人及银行等金融机构偿还债务的能力，通常用流动比率、资产负债率等指标来衡量
		发展能力	其主要包括销售收入增长率、资本积累率
	持续诚信	游客投诉反应速度	顾客因对企业的服务或产品不满而投诉企业时，企业对其投诉的接受态度及意识到自身服务失误所需的反映时间
		游客投诉处理速度	企业面对顾客投诉且意识到自身服务失误后，积极采取各项服务补救措施的速度
		投诉解决状况	企业解决顾客投诉的成败情况
		服务补救措施	企业在对客服务失误后，为了让重新获取顾客对企业的满意及信任所采取的各类措施
	合规情况	公共媒体报道	指公共媒体对企业运营过程中合规与否的相关报道（本研究主要指企业的负面报道）
		管理制度符合相关法律规范	企业的内部管理制度，如财务管理制度、人事管理制度等，不违背国家的相关法律法规
		合同违约率	企业在与各个利益相关者所签订的所有合同中，没有如约履行的比率
		顾客投诉率	企业在服务顾客的过程中，发生服务失误导致顾客不满，从而投诉企业的比率
		依法纳税情况	企业依法纳税，没有偷税、欠税、骗税和抗税行为
	企业声誉	等级资质(如A级评定)	企业在所在行业的等级评定中的等级以及获得的市级以上行政管理部门、单位颁发的各种营业资质
		获得相关认证（如"重合同守信用企业认证"）	由于企业经营诚信高效等，获得了政府部门或行业组织评定的各类相关荣誉认证，如"重合同守信用企业认证"等

第二部分：该企业相关的财务数据

营运能力
1. 流动资产周转率（销售收入/平均流动资产）
2. 总资产周转率（销售收入/总资产）

获利能力
3. 总资产报酬率（报酬总额与平均资产总额的比率）
4. 主营业务收入利润率（主营业务利润与主营业务收入净额的比率）

偿债能力
5. 资产负债率（负债总额与资产总额的比率）
6. 流动比率（流动资产与流动负债的比率）

发展能力
7. 销售增长率（今年主营业务收入增长额同上年主营业务收入总额的比率）
8. 资本积累率（本年所有者权益增长额同年初所有者权益的比率）

第三部分 诚信评分

请您根据该企业的相关数据，客观进行评价，其中"1"为最低分，"5"为最高分。1至5，数字越大表示该企业的该指标的表现越好。

测量项目	评分				
游客投诉反应速度	1	2	3	4	5
游客投诉处理速度	1	2	3	4	5
投诉解决状况	1	2	3	4	5
服务补救措施	1	2	3	4	5
公共媒体报道（企业的相关负面报道）	1	2	3	4	5
管理制度符合相关法律规范	1	2	3	4	5
合同违约率	1	2	3	4	5
顾客投诉率	1	2	3	4	5
依法纳税情况	1	2	3	4	5
等级资质(如A级评定)	1	2	3	4	5
获得相关认证（如"重合同守信用企业认证"）	1	2	3	4	5

附录 C：关于天津国旅诚信评价的调查问卷（员工）

尊敬的先生/女士：

您好！非常感谢您抽出时间回答此份问卷。以下题目是想请教您对于工作单位——天津国旅的诚信状况的看法。为了保证此次调查的真实性，本问卷完全以不记名的形式进行。问卷中所涉及的个人资料，仅供统计之用，不会用于其他目的，因此希望您如实填写。再次对您的参与和配合表示衷心感谢！

旅游企业诚信评价体系研究课题小组

第一部分：个人信息

下列问题请您放心填写，您的个人资料绝不对外公开。请您依据个人情况在相应的"＿＿"中打"√"。

1. 请问您的性别：＿＿男＿＿女
2. 请问您的出生年份是：＿＿＿＿＿年
3. 请问您的学历：
   ＿＿初中及以下＿＿高中及中专＿＿本科及大专＿＿研究生及以上
4. 请问您的职位：
   ＿＿员工＿＿基层管理者＿＿中层管理者?高层管理者
5. 您来自＿＿＿＿＿省/直辖市

第二部分：对旅游企业诚信评价的调查

请您根据企业自身的实际情况，对下列问题的同意程度在适当的数字下面打"√"。其中"1"代表非常不同意，"5"代表非常同意。1至5，数字越大表示您越同意。

编号	测量项目	非常不同意 ⇨ 非常同意				
制度诚信						
1	我们企业有一套完善的制度	1	2	3	4	5
2	我们企业的制度可操作性强	1	2	3	4	5
3	我们企业制度得到了很好的执行和实施	1	2	3	4	5

续表

领导诚信						
1	我们企业所有员工受到公平公正待遇	1	2	3	4	5
2	我们企业为员工明确职业生涯规划	1	2	3	4	5
3	我们企业为员工提供的工资待遇能满足基本生活需求	1	2	3	4	5
4	我们企业为员工提供了良好的工作环境	1	2	3	4	5
5	我们企业授权给基层员工自主处理问题的权限大	1	2	3	4	5
劳动合同履约						
1	我们企业与我签订了劳动合同	1	2	3	4	5
2	我们企业与我签订的劳动合同内容具体、清晰	1	2	3	4	5
3	我们企业与我签订的劳动合同符合相关法律法规	1	2	3	4	5
4	我们企业能严格履行与我签订的劳动合同	1	2	3	4	5
诚信文化						
1	我们企业有诚信服务宗旨	1	2	3	4	5
2	我们企业在员工培训中强调诚信理念	1	2	3	4	5
3	我们企业鼓励员工诚信行为	1	2	3	4	5
4	我们企业有一套对员工诚信的评价考核标准	1	2	3	4	5
总体诚信						
1	我们企业能履行对我的所有承诺	1	2	3	4	5
2	我们企业是诚信的	1	2	3	4	5

您对本问卷的建议：

问卷到此结束，再次感谢您的合作！

附录 D：关于旅游企业诚信评价的调查问卷（游客）

尊敬的先生/女士：

您好！非常感谢您抽出时间回答此份问卷。以下题目是想请教您对于提供本次旅游服务的天津国旅诚信状况的评价。为了保证此次调查的真实性，本问卷完全以不记名的形式进行。问卷中所涉及的个人资料，仅供统计之用，不会用于其他目的，因此希望您如实填写。再次对您的参与和配合表示衷心感谢！

旅游企业诚信评价体系研究课题小组

第一部分：游客个人信息

下列问题请您放心填写，您的个人资料绝不对外公开。

1. 请问您的性别是：＿＿＿男＿＿＿女
2. 请问您的出生年份是：＿＿＿＿＿＿＿年
3. 请问您的学历是：
   ＿＿＿＿初中及以下＿＿＿＿高中及中专＿＿＿＿本科及大专＿＿＿＿研究生及以上
4. 您来自 ＿＿＿＿＿＿＿ 省 ＿＿＿＿＿＿＿ 市

第二部分：游客对旅游企业诚信评价的调查

请您根据本次旅游服务体验，对下列问题的同意程度在适当的数字下面打"√"。其中"1"代表完全不同意，"5"代表完全同意。1 至 5，数字越大表示您越同意。

编号	测量项目	非常不同意				非常同意
	合规情况					
1	我认为天津国旅宣传的信息真实	1	2	3	4	5
2	购买产品时，天津国旅明确说明所含产品项目	1	2	3	4	5
3	购买产品时，天津国旅明确说明自费项目	1	2	3	4	5
4	购买产品时，天津国旅明确说明优惠活动，告知折扣信息	1	2	3	4	5
	品牌诚信					
1	我认为此次消费，钱花得很值，产品价格合理	1	2	3	4	5
2	服务过程中，天津国旅尽到了安全提醒的职责	1	2	3	4	5
3	天津国旅关心我的利益	1	2	3	4	5
4	天津国旅提供优质产品和服务	1	2	3	4	5

续表

	员工诚信					
1	天津国旅的员工为人诚恳	1	2	3	4	5
2	天津国旅员工不诱导及欺诈顾客	1	2	3	4	5
3	天津国旅员工服务态度好	1	2	3	4	5
4	天津国旅的员工不索要小费	1	2	3	4	5
	总体诚信					
1	我认为天津国旅是诚信的	1	2	3	4	5
2	天津国旅兑现了对我的承诺	1	2	3	4	5

问卷到此结束，再次感谢您的合作！

后 记

本书受国家社会科学基金项目"我国旅游企业诚信评价体系研究"(项目批准号12BGL073)的资助,对我国旅游企业诚信问题进行了深入探讨。

近年来,我国旅游业中的诚信缺失问题日趋严重,引起了社会各界的广泛关注和批评。但是,到目前为止,无论是理论层面还是实践层面都未能提出解决该问题的有效思路与方法,因此,有必要从根本上弄清什么是旅游企业诚信?如何对其进行评价?旅游企业诚信难以实现的症结究竟在哪里等基本问题。基于此,本书以利益相关者理论为基础,沿着从"一般"到"特殊"的研究思路,从一般企业诚信入手,结合旅游行业与企业的特殊性,选取具有代表性的旅游企业(旅行社、景区企业和酒店)作为研究对象,采用定性与定量相结合的研究方法,对旅游企业诚信的概念、维度和实现机理进行了深入探究,并从旅游企业、游客和监管部门三个视角,构建了旅游企业诚信理论模型,开发出旅游企业诚信评价量表,建立了相对完整的旅游企业诚信评价体系,并选取了代表性旅游企业对所构建的诚信评价体系进行了实证检验,在此基础上,阐明了本研究的理论贡献与管理启示。本研究不仅在理论上丰富与拓展了信任理论和企业诚信理论的研究范畴,进一步完善了旅游企业诚信评价的理论体系,为旅游企业诚信研究提供了新的研究视角;还在实践层面为旅游行业监管部门提供了有效的诚信管理工具,帮助旅游企业监测自身诚信经营的水平,建立诚实守信的价值观念和长效的诚信治理机制。

需要指出的是,本书的完成是建立在众多阶段性研究成果的基础上,这些成果大多发表在《南开管理评论》《旅游学刊》《旅游科学》等具有社会影响力的期刊上,是我的研究团队所有成员共同努力的结果,在此,真诚地感谢他们对本研究做出的贡献。同时,也非常感谢在研究过程中给予调研帮助的相关旅游企业和业界的朋友。

此外,本书的策划、编辑过程得到了南开大学出版社社长助理王冰先生和编辑童颖女士的大力支持与帮助,在此也表示衷心感谢!

姚延波
2017 年 12 月 10 日
于南开园